经济与管理实验实训系列教程

商业银行模拟经营沙盘实验教程

主　编　徐　莉
副主编　高　焰　罗　峰

科学出版社
北　京

内 容 简 介

本书是对"商业银行经营与管理"传统教材的补充,旨在帮助学生在学习商业银行经营管理理论的基础上,通过实验课程训练,了解商业银行基本业务操作流程,掌握商业银行经营中的决策原则,巩固本门课程的基础知识,加深对商业银行经营管理理论的理解。本书包括6章内容。第1章介绍实验设计的理念和背景,实验教学的目的及内容;第2章介绍实验的基本规则;第3章是实验教学大纲;第4章为实验操作步骤;第5章为知识点与数据分析;第6章为商业银行经营管理的实战案例。最后在附录中列示了各类协议文本的内容和格式。

本书为高校本科、专科学生学习"商业银行经营与管理"课程的模拟实验课程用书。

图书在版编目(CIP)数据

商业银行模拟经营沙盘实验教程/徐莉主编. —北京:科学出版社,
2018.6

经济与管理实验实训系列教程

ISBN 978-7-03-057716-0

Ⅰ.①商⋯ Ⅱ.①徐⋯ Ⅲ.①商业银行–经营管理–高等学校–教材
Ⅳ.①F830.33

中国版本图书馆 CIP 数据核字(2018)第 124873 号

责任编辑:方小丽 陶 璇/责任校对:孙婷婷
责任印制:徐晓晨 /封面设计:蓝正设计

科 学 出 版 社 出版

北京东黄城根北街 16 号
邮政编码:100717
http://www.sciencep.com

北京建宏印刷有限公司 印刷

科学出版社发行 各地新华书店经销
*

2018 年 6 月第 一 版 开本:787×1092 1/16
2019 年 6 月第三次印刷 印张:6 1/2
字数:152 000

定价:36.00 元
(如有印装质量问题,我社负责调换)

前　言

随着我国社会主义市场经济体制的建立与发展，商业银行在国民经济中的中枢地位也逐渐确立。各大高校的金融专业将"商业银行经营与管理"作为核心课程，部分经济学、管理学专业也将这门课程作为专业发展课程。这门课程过去基本以理论教学为主，配合案例讲解，较少开设实验课程。随着实际工作部门对高校毕业生工作实践能力要求的日益提高，加之"商业银行经营与管理"课程与实践的联系日益紧密，在理论课程的基础上，开设实验课程作为补充，十分必要。为了提高学生对"商业银行经营与管理"课程的学习兴趣和学习效果，我们编写了这本基于动态经营数据的商业银行模拟经营实验教程。

本书专门用于高校本、专科学生学习"商业银行经营与管理"的模拟实验课程，是对"商业银行经营与管理"传统教材的补充。本书的宗旨是帮助学生在学习商业银行经营管理理论的基础上，通过实验课程训练，了解商业银行基本业务操作流程，掌握商业银行经营中的决策原则，巩固本门课程的基础知识，加深对商业银行经营管理理论的理解。

全书共分 6 章，第 1 章至第 4 章由徐莉教授编写，第 5 章由罗峰副教授编写，第 6 章由高焰副教授编写，全书由徐莉教授负责修改和总纂。本书编写过程中得到四川师范大学经济与管理学院丁明鲜教授、高峻峰副教授的热情帮助和指导。本书的出版得益于科学出版社的大力支持，在此一并表示衷心感谢！

由于编者水平有限和时间仓促，本书难免存在不足之处，恳请各位读者给予批评指正。

编　者

2018 年 6 月 15 日于四川师范大学

目　　录

第1章　绪言 ……………………………………………………………………………… 1

1.1　实验设计理念 ………………………………………………………………… 2

1.2　实验设计背景 ………………………………………………………………… 2

1.3　实验教学目的 ………………………………………………………………… 3

1.4　实验内容概述 ………………………………………………………………… 3

第2章　沙盘实验规则 …………………………………………………………………… 4

2.1　沙盘简介 ……………………………………………………………………… 4

2.2　课程背景 ……………………………………………………………………… 4

2.3　房地产企业运营规则与操作步骤 …………………………………………… 7

2.4　商业银行运营规则与操作步骤 ……………………………………………… 15

第3章　实验教学大纲 …………………………………………………………………… 24

3.1　实验课的性质与任务 ………………………………………………………… 24

3.2　实验课程目的与要求 ………………………………………………………… 24

3.3　实验内容安排 ………………………………………………………………… 26

3.4　实验报告的格式 ……………………………………………………………… 28

3.5　考核方式及实验成绩评定方法 ……………………………………………… 28

第4章　实验操作步骤 …………………………………………………………………… 29

4.1　课前准备 ……………………………………………………………………… 29

4.2　教师端操作 …………………………………………………………………… 32

4.3　学生端操作 …………………………………………………………………… 41

第5章　知识点与数据分析 ……………………………………………………………… 43

5.1　商业银行经营过程分析 ……………………………………………………… 43

5.2　贷款需求调查与贷后风险跟踪 ……………………………………………… 52

5.3　商业银行经营业绩分析 ……………………………………………………… 65

5.4　房地产公司经营业绩分析 …………………………………………………… 68

第6章 实战案例分析···71

  6.1 案例1：××实业有限公司贷前调查实例·································71

  6.2 案例2：××地产的资本结构现状分析·································81

  6.3 案例3：××啤酒厂贷款分类实例·······································87

  6.4 案例4：S银行6 000万元贷款诈骗案·································88

  6.5 案例5：虚假担保贷款诈骗案···90

  6.6 案例6：A银行××支行个人房贷业务被银监会暂停··········91

  6.7 案例7：为遏止经济衰退美联储实行零利率························91

附录 各类协议文本···93

第1章

绪　言

　　"商业银行经营与管理"传统都是以理论教学为主，配合案例讲解，实验课程较少开展。但案例教学存在一些问题：一是有关贷款与风险控制的案例通常涉及企业核心经营数据，不易获得；二是即使获得类似案例，也无法像现实一样模拟贷前、贷中、贷后三个阶段动态数据跟踪，通常只是静态数据；三是对贷款与授信的非财务分析无法展开，只能局限于财务分析。因此，急需一门基于动态经营数据的商业银行模拟经营实验课程。

　　目前国内市场上同类模拟实验软件并不能实现"商业银行经营与管理"这一课程的实验教学。虽然有很多公司开发了一些商业银行柜面操作系统，但其偏重于银行各岗位单据流程试验，如储蓄业务流程与操作、信贷业务流程与操作、结算业务流程与操作、点钞业务流程与操作、综合业务流程与操作等，这些实验注重训练学生单据填写规范、流程合规，与商业银行经营与管理的教学内容基本无关。商业银行经营与管理需要的是能够侧重于银行内部经营数据分析（如不良贷款率、拨备覆盖率、资本充足率、核心资本充足率、贷款集中度、存贷比、超额准备金比例等指标）、企业对公业务数据分析（财务数据与非财务数据，如高管道德、企业发展前景、政府关系、行业地位、公司治理规范性、经营风格等）、企业对私业务数据分析（如存款结构）的实验系统，不仅能模拟在复杂外部金融环境中银行内部各部门的业务决策，而且能模拟企业客户经营情况、银行竞争个人客户等不同经营决策对银行经营与管理的影响。这样一款实验系统不是业务流程模拟，而是经营决策模拟与仿真。那些业务流程和操作类的实验教学产品与"商业银行经营与管理"的理论体系基本没有关联，不适用于"商业银行经营与管理"的实践教学改革。

　　长期以来，由于银行系统内部封闭性与安全保密需要，大量厂商无法获得商业银行内部经营与管理决策模型。国内市场上比较成熟的、专门用于"商业银行经营与管理"的教学沙盘，只有成都杰科力科技有限公司开发的"商业银行经营与管理"模拟实验课程系统。该系统是成都杰科力科技有限公司与西南财经大学、四川师范大学经济学领域众多学者联合开发的，中国工商银行四川省分行、交通银行成都分行参与开发，采用商业银行部分真实贷款评级指标、中国银行保险监督管理委员会（以下简称银保监会）对商业银行真实评级指标，将"商业银行经营与管理"课程主要教学内容与角色扮演、沙盘推演结合起来，不断改进和完善，已经被全国 40 多所院校（如四川师范大学、四川大学锦城学院、四川农业大学、武汉理工大学、上海理工大学、上海金融学院、天津商业大学、江西财经职业学院、重庆财经职业学院、重庆邮电大学、郑州升达经贸管理学院、攀枝花学院、温州科技职业学院、河南财政税务高等专科学校、温州大学城市学院、福建工程学院等）采用，并熟练运用于教学实验中。

1.1　实验设计理念

该沙盘实验系统从学校教学目的出发，能满足应用型教学目标的实现。金融类学生毕业后有相当一部分进入商业银行从事信贷、中间业务等相关工作，但目前由于银行行业的特殊性、保密性、安全性的特点，学生要进入银行内部实训的机会越来越少。"商业银行模拟经营沙盘实验教程"通过模拟银行之间的经营对抗，实现体验式教学与应用型教学的结合，让学生理解信贷决策、中间业务在现实中的应用，同时极大地提高学生学习兴趣。"商业银行模拟经营沙盘实验教程"通过构建仿真的环境，按实际商业银行工作的操作规范和业务流程设置仿真的岗位，通过角色扮演、协同工作及角色轮换让学生从大体上把握当商业银行面对不断变化的宏观经济环境时的经营之道，并系统了解银行相关岗位（特别是信贷岗、会计岗、风险控制岗）所需的技能，同时使学生在校期间就养成按商业银行业务流程和规定实施内部控制、防范风险的良好职业习惯。

1.2　实验设计背景

该课程通过情景模拟、角色实践的方法让学员通过实验体验现实银行之间的竞争与经营。假定宏观经济由产品市场、资本市场及监管层组成。在此实验中，房地产公司代表产品市场，商业银行代表资本市场和货币市场，中国人民银行和政府代表监管层。全班分成 9 支团队：4 支商业银行团队+4 支企业团队+1 支中国人民银行团队。商业银行团队设负责记账的综合柜员岗位、负责报表的会计主管岗位、行长兼客户经理岗位。企业团队由总经理负责投资与融资，运营总监负责运营与记录，财务总监负责报表。商业银行通过向企业开展存贷业务、投资业务和中间业务获得利润，可以采用发行债券、同业拆借、向中国人民银行借款等方法管理流动性。商业银行在模拟经营中应注意平衡营利性、安全性和流动性。企业团队的主要任务是带领企业高效稳健地经营，规避经营风险与陷阱。

1.3 实验教学目的

通过该实验教学实现以下主要目标：
（1）学生能够对商业银行报表进行简单分析；
（2）学生能够对商业银行经营与业务进行分析；
（3）学生能够对资本市场的宏观运行进行简单点评；
（4）学生能够进行简单的商业银行分级监管；
（5）学生能够对商业银行贷款风险进行管控，能对不良贷款进行分析并提出意见；
（6）学生能够对企业进行贷前财务分析和部分非财务分析；
（7）学生可以分组扮演行长/信贷经理/投资经理经营六家银行，学生参与度高、竞技性强；
（8）学校能够解决学生在商业银行顶岗实习接触不到后台核心业务的难题；
（9）在几乎真实环境中体验商业银行的全面运营，解决老师理论讲解银行内部管理比较空的难题。

1.4 实验内容概述

该实验教学课程包括以下六个实验：
（1）商业银行核心业务和绩效。该实验包括三个方面内容：各商业银行制订资金运营计划；各商业银行对房地产公司开展存贷款业务、票据业务和中间业务；每一会计年度密切关注金融市场运行环境对绩效的影响。
（2）商业银行会计与报表业务。该实验包括三个方面内容：各商业银行对存贷款业务、中间业务及投资业务进行会计核算；各商业银行会计主管填制现金流量表、损益表、资产负债表；各商业银行根据会计报表，分析经营结果，总结经验。
（3）银保监会对商业银行的评级和监管实验。该实验包括三个方面内容：分析商业银行的运营状况；总结商业银行不良贷款的结构；对商业银行运营风险进行预警。
（4）商业银行信贷业务实验。该实验包括三个方面内容：分析商业银行贷款总量与贷款结构；给出商业银行授贷调查报告；能够对商业银行信贷审查提出意见。
（5）商业银行信贷风险管控实验。该实验包括四个方面内容：不良贷款的分级判定；对不良贷款风险准备金的计提；对不良贷款的处理；分析处理不良贷款时容易出现的问题。
（6）商业银行投资与理财实验。该实验包括四个方面内容：对所有客户企业的财务状况进行调查；进行企业营销调研，识别企业金融业务的需求；设计金融产品方案；营销方案审查与修订。

第2章

沙盘实验规则

2.1 沙盘简介

沙盘模拟培训源自西方军事上的战争沙盘模拟推演。战争沙盘模拟推演通过模拟红、蓝两军在战场上的对抗与较量，发现双方战略、战术上存在的问题，提高指挥员的作战能力。

模拟培训已成为大多数世界 500 强企业中高层管理人员经营管理培训的主选课程。接受过沙盘训练的优秀中国企业已超过六千家。沙盘教学模式引入中国后，被北京大学、清华大学、中国人民大学、浙江大学等 18 所高等院校纳入工商管理硕士（master of business administration，MBA）、高级工商管理硕士（executive master of business administration，EMBA）及中高层在职培训的教学之中。在培训中，学员将分组经营数家企业和银行，每一步决策对整体经营的影响都将在沙盘上一一展现。

模拟经营分为若干年度的经营周期，每个周期要经历三个阶段。

第一阶段：制订和实施商业计划；

第二阶段：参与市场竞标、争取资源，实战经营，每个年度编制该周期经营报表；

第三阶段：总结经验教训，讲师适时点评，解读管理决策要点。

竞争到最后，有的银行无力回天，被接管清算；有的银行苦苦支撑，平庸依旧；有的银行则力挽狂澜，起死回生。起点是一样的，不同的结果，带来不同的反思。

2.2 课程背景

本实验假定宏观经济由产品市场、资本市场及监管层组成。在此实验中，房地产公司代表产品市场，商业银行（含投资银行功能）代表资本市场和货币市场，中国人民银行和政府代表监管层。

2.2.1　角色与岗位

将参与实验的学生分成以下 3 类角色。

（1）房地产企业团队。房地产企业团队 4~6 支，房地产企业可以经营多种产品：商品房和别墅、限价房、城市基础设施与配套工程等。房地产企业初始状态均有以下资源：①_____万元现金（可由老师调整，只要保证资产负债表平衡）；②价值_____亿元的土地_____亩（1 亩 ≈ 666.67 平方米）；③_____年期银行贷款_____亿元（A 企业该笔贷款的交易对象为 A 银行，其他企业以此类推）；④股东资本_____亿元（可由老师调整，只要保证资产负债表平衡）；⑤有_____个运营团队，目前资质为三级。

（2）商业银行团队。商业银行团队 4~6 支，商业银行均有以下资源：①_____万元现金（可由老师调整，只要保证资产负债表平衡）；②_____年期国债_____亿元；③_____年期中央银行票据（以下简称央票）_____亿元；④_____年期消费者个人存款_____亿元（利率为基准+1.5%）；⑤_____年期存款准备金_____亿元；⑥股东资本_____亿元（可由老师调整，只要保证资产负债表平衡）；⑦_____年期企业贷款_____亿元（A 银行该笔企业贷款的交易对象为 A 企业，其他银行以此类推）；⑧有_____个网点，有_____个存款团队和_____个贷款团队。

（3）中国人民银行与政府团队。中国人民银行与政府团队，代表中国人民银行、政府及消费者。每年可参照表 2.1 和表 2.2 制定政策调整流动性。

表 2.1　中国人民银行调整流动性建议（非常重要）

盘面常见现象	调整建议
银行和房企现金都紧张	中国人民银行应放松流动性，包括降低存款准备金率，降低再贴现率，回购未到期央票（如银行没有未到期央票，可由中国人民银行再贷款给银行），提醒银行提前兑付国债等
银行现金充裕，房企现金紧张	如房企资产负债率未超标，可以降低贷款基准利率；如房企资产负债率超标，应提醒房企提前支取存款，未办理的消费贷款尽快办理，通过信托融资
银行现金紧张，房企现金充裕	建议提高存贷利率，提醒银行发行股票、再贴现、再贷款、提前兑付国债
房企不愿多拿，土地拍卖出不去	大幅度降低房企营业税；对销量排名靠前的房企大幅度奖励；提醒开发土地数量每增加一个等级，建安费会下降约 3%

表 2.2　其他政策操作表

政策操作点	影响	调整建议
购房首付比例	影响商品房和别墅当年需求量	房价高涨时，建议提高首付比例
土地供应量	影响房地产土地开发规模	房企资金充裕时，建议多供地；房价高涨时，建议多供地
房地产企业营业税	影响企业盈利	房地产全行业利润较低时，应大幅度降低营业税率

2.2.2　初始年基准利率水平

（1）存款利率：2%，商业银行可吸收个人存款与企业存款。

（2）贷款利率：8%。

（3）存贷利率可在基准利率的 0.5~4.0 倍范围内自行浮动。

（4）存款准备金率：15%（存款准备金无利息）。

（5）再贷款利率：5%（商业银行资不抵债或出现流动性危机时可以申请，期限为一年。商业银行如果主动申请再贷款，每进行 2 亿元再贷款总分将扣 3 分）。

（6）初始年存量央票的中标利率：4%（现有盘面上的央票在当时购买时的中标利率）。

注意：存款、贷款、国债与央票、委托贷款与同业拆借均在业务发生当期先行支付本期利息，到期不需支付利息，仅偿还本金。以上所有业务每年利息按合同签订的利率执行。但股票、信托与基金投资均在下年计算投资收益。

2.2.3   监管要求

（1）资本充足率为 8%，核心资本充足率为____。

（2）贷款损失准备金的提取标准：一般风险损失准备金按 1%计提，不计提特种风险损失准备金；专项风险损失准备金计提标准：关注类 2%，次级类 25%，可疑类 50%，损失类 100%。由政府检查准备金的提取情况。

（3）房地产企业经营涉及的多项税费，为简化计算，统一合并为____营业税。计算基数为企业当年销售商品房和别墅及转让土地的收入。

（4）房地产企业和银行每年行政管理费均为____万元。所得税均为____。

（5）各企业如果无钱支付各项费用，将强行拍卖企业库存商品房和土地，由中国人民银行代表政府以市场参考价现金收购。如果该企业无库存商品房或土地，将强行高利贷，利率为____。

（6）各银行存贷比可以高于____，但存贷比超过____得分将降低。存贷比=（企业贷款余额+消费贷款余额）÷（个人存款余额+企业存款余额+同业存款余额）。

（7）房地产企业资产总负债率不得超过____（按贷款后年末资产总负债率计算），否则银行不得为其提供新增贷款（当年仍为该企业发放贷款的银行将被罚款____）。资产负债率超过____时，企业可通过委托贷款、信托、票据贴现等方式融资。资产负债率=期末负债总额÷期末资产总额。

（8）各项罚款在当年支付，如在第二年提交报表后，发现存贷比超标或资产负债率超标，罚款记在第二年。

（9）每年年末，为刺激房地产企业多销售商品房和限价房改善人民生活条件，政府将给予（商品房+限价房销售量）最大企业按（商品房+限价房）销售额奖励现金（此条由老师决定是否执行）。

2.2.4   投融资产品

本实验中企业涉及的投融资产品包括：银行存款、票据贴现、银行贷款、委托贷款、信托、国债。

除了以上金融产品，商业银行还涉及央票、同业拆借、中国人民银行再贷款、转贴现、消费贷款。部分金融产品操作规则如下。

（1）股票：各企业不能发行，银行第三年可以发行，各企业和银行均可购买。各银行自定发行股票数量、发行价（溢价与折价）、占股份比例等，但应保证控股权不变。为简化报表，在发行方记账时，股票投资款按原值计入实收资本，溢价与折价只通过股份占比不同反映。例如，当 A 银行股东权益为 3 亿元时，想通过股权筹资 1 亿元，如果新股东出资 1 亿元并占股 25%（总股本 4 亿元，其中新股东占 1 亿元），则表示按每股 1 元的平价发行；如果新股东出资 1 亿元只能占 1/7 股份（总股本 3.5 亿元，新股东占 0.5 亿元），表示按每股 2 元溢价发行；如果新股东出资 1 亿元并占股 40%（总股本 5 亿元，新股东占 2 亿元），表示按每股 0.5 元折价发行。股票发行后，每年的净利润将按股份比例在下一年分红。

（2）信托：房地产公司可以委托一家银行发行信托产品，信托发行可选择包销制或承销制。包销制下银行可收取包销费，企业和银行均可购买，未购买完的由银行全部包销。承销制下银行只收取承销费，银行不包销。信托年限和预期收益率由企业与该银行商定。信托可提前兑付或中止，信托利息由发行方根据当时经营情况和市场环境给定。注意：发行方和承销方均不担保信托本金兑付。

（3）央票：由中国人民银行组自定发行规模，期限均为 1 年。央票由各银行按上年贷款余额比例分别承担。央票不可提前兑付和转让，年利率为 4%。

（4）国债：政府可根据市场资金情况自定发行国债金额与期限，选择国债筹码确定利率，溢价率高者优先购买国债，国债按 5 000 万元的整数倍购买。企业和银行都可购买国债，也可转让国债，利率双方协商。国债可提前兑付，每提前一年，按____支付手续费，单张凭证式国债不能拆分兑付。

（5）企业存款：均为协议存款，至少一年期，金额至少____万元。

（6）票据贴现：房地产公司票据可找任何一家银行贴现。外部市场还有家居、建材、高档消费品行业票据待贴现，每年由系统确定每年外部票据总额，老师再选出具体行业票据，由贴现费低的银行先选，贴现费相同则按提交顺序优先。当上年房地产行业销量同比上升时，高档消费品行业票据将出现延期兑付；当上年房地产行业销量同比下降时，家居、建材将出现延期兑付。银行给出的贴现费率一般不高于该行当年发放给企业的实际贷款最高利率（不含中间业务费率，如当年没有发放贷款，按基准利率），当贴现率过高时，企业可以选择不贴现，当风险过高时，银行也可以选择不贴现。

2.3　房地产企业运营规则与操作步骤

2.3.1　房地产公司订单获取的规则

（1）房地产公司的订单取决于品牌效应和报价。各公司的广告费用竞标以百万元为单位，商品房销售报价以____万元为一单位（每套商品房市场参考价____万元，最高限价为____万元），别墅报价以____万元为一单位（每套别墅市场参考价____万元，最高限价为____万元）。

（2）广告费不得超过上年销售额的____。各公司报价范围应在当年平均价格的__倍浮动，超过此范围的报价视为无效，将无法获得订单。

（3）品牌效应=本年广告费+上年销售额×＿＿＿+上上年销售额×＿＿＿。

（4）品牌效应越高，订单越多。

（5）报价越低，订单越多。

公司之间不可以联合竞标订单或转让订单，也不可以转让房屋。

公司第四年开始可以竞标城市基础设施与配套工程，条件是具有一级开发资质。开发商资质要求见表2.3。

表2.3   开发商资质要求

资质	一级	二级	三级
资格			
经营范围			

政府将以土地换项目的形式和应付款形式开展城市基础设施与配套工程建设，竞标标的是当年可以换取的土地亩数，采取拍卖制，各组报出换取土地数量，优先满足土地亩数最低的企业。基础设施与配套工程换取的土地按＿＿＿计入当年业务收入，该批土地成本也按＿＿＿＿计算。城市建设工程项目有两类，如表2.4所示。老师每年可以根据竞争情况决定城市建设工程项目数量。

表2.4   城市建设工程项目

项目号	需要技术设计费	需要建安费	最多换取土地数	账期
A1				年末土地到位
A2				年末土地到位

2.3.2   房地产公司订单交付与消费信贷的规则

（1）所有订单均为年底交货。房地产公司可以选择捂盘不售，当年未交付的订单将全部作废。

（2）如果交货后还有商品房未售完，房地产公司可以选择由政府作为限价房以市场参考价收购，但2年后才能收到账款（记2年应收款）。政府不收购别墅。

（3）初始年消费者现金首付比例为＿＿＿，尾款由银行发放消费信贷，期限为＿＿＿年，利率为当年贷款利率，采用等额本金偿还，从贷款当年开始偿还利息，本金由消费者次年开始偿还。为简化计算，消费者每年按消费贷款余额的＿＿＿等额偿还。每年首付比例受房价涨幅影响。

（4）当银行无现金为房地产公司发放消费信贷时，公司应记＿＿＿年应收款，该应收款可以在以后年度办理消费贷款或选择向银行贴现。无论是办理消费贷款还是记为应收款，都应由中国人民银行组的消费者代表签字确认。最后一年运营时，房地产公司应保持可持续经营状态，最后一年的消费贷款应积极找银行办理，所有应收款余额不得超过上年总资产的＿＿＿。

2.3.3   房地产公司的土地竞标规则

（1）政府的底线是＿＿＿，各公司以＿＿＿为一个报价单位，为避免恶性竞争，最高限价为＿＿＿。企业申购土地总金额不得超过盘面现有资金，申购土地总金额越高，单价越高，拿的土地越多。

（2）公司之间可以联合投标土地，公司之间土地可以转让，价格自定。公司之间的交易可以应付款记账。公司拿土地后，可自由选择建设别墅还是商品房。

（3）为了获取最高收益，每一年政府会视房地产价格波动决定是否增加供地，老师可以修改每年供地计划。

（4）流标的土地加入到下一年继续拍卖，上一年超供的土地也可在下一年扣减。

2.3.4　房地产公司的人员规则

房地产公司销售收入每＿＿＿需要＿＿＿个运营团队，每个运营团队招募费用为＿＿＿，年工资奖金为＿＿＿，所有业务需提前一年配备好团队，否则只能按现有团队最大业务量减少别墅或商品房订单（系统优先减少商品房订单，再减少别墅订单）。团队被辞退当年公司仍需支付工资奖金。

2.3.5　房地产公司辅助决策表格

房地产公司辅助决策指房地产公司的资金收支预测及融资决策，需要编制资金规划表，见表2.5。

表 2.5　房地产公司资金规划表（辅助决策）　　　　单位：万元

项目	第一年	第二年	第三年	第四年	第五年	第六年
上年现金余额						
竞标土地支出						
归还到期负债						
支付利息和中间业务费用						
竞标订单广告支出						
景观与技术设计支出						
建安支出						
信托、国债投资						
放出委托贷款						
运营团队支出						
营业税和所得税支出						
支付管理费						
其他支出						
支出合计						
各资产项到期本金与利息收入						
各产品交付现金收入						
其他收入						
收入合计						
剩余现金预计						
预计贷款或发行信托金额						

2.3.6 房地产公司运营表格

房地产公司运营表格包括房地产公司现金管理模块（见表 2.6）、房地产公司融资贷款与土地竞标模块（见表 2.7）、房地产公司销售竞标与施工交付（见表 2.8）、房地产公司投融资业务（见表 2.9）、房地产公司外部经营业务（见表 2.10）五个表格。

表 2.6 房地产公司现金管理模块

填写说明：请在每一年的发生金额一栏中填写数字，之后将自动生成报表，未发生请填 0，数字前面不能用"+"或"−"号，也不用公式形式，如"300+400"。请注意，数字单位是万元，如发生金额为 1000 万元，只需填写 1000。请勿更改此表名称结构和任何步骤，期初现金余额一栏将自动计算

经营步骤		责任人	填写单据	发生金额/万元					
				第一年	第二年	第三年	第四年	第五年	第六年
期初现金余额									
申请开发资质	清空上年所有费用栏（含景观设计费），确定本期开发资质	全体成员	无						
资金规划	资金规划，填写表	全体成员	填写表						
理财结算	股票投资盈利，收到现金分红								
上年未办理的消费贷款重新办理	以前年度未办理的消费贷款余额	会计主管	签订消费贷款协议						
	以前年度未办理的消费贷款重新向银行申请办理，成功办理的金额								
	支付银行额度占用费								
应收应付业务	所有应付款往前移一格，到期偿还/提前偿还本金	会计主管	无						
	盘面资产项的应收款往前移一格，到期收回现金或提前贴现，本金为								
	支付提前贴现费								
提前支取存款	企业存款提前取出，本金为	会计主管	无						
	存款提前支取，支付违约金								
盘点现金	现金盘点	全体成员	无						

表 2.7 房地产公司融资贷款与土地竞标模块

经营步骤		责任人	填写单据	发生金额/万元					
				第一年	第二年	第三年	第四年	第五年	第六年
贷款及利息结算	所有银行贷款往前移一格，到期偿还/提前偿还本金	总经理	填写对公贷款表，与银行签订企业贷款协议						
	高利贷往前移一格，到期偿还本金								
	签订贷款协议书，获得银行贷款								
	支付申请贷款的额度占用费、财务评审费和担保费；提前还贷或延后还贷的违约金								
	为其他企业提供担保，获得担保费								
	办理高利贷，获得现金								
	支付所有银行贷款与高利贷利息								
	被担保企业违约，公司支付连带赔偿，金额为								
	收到违约房企偿还的连带赔偿款								
	连带赔偿确定已无法收回，记为营业外支出								
	已经转为营业外支出的连带赔偿又收回来了								

续表

经营步骤		责任人	填写单据	发生金额/万元					
				第一年	第二年	第三年	第四年	第五年	第六年
委托贷款	盘面负债项的委托贷款(贷)往前移一格，到期偿还/提前偿还本金	财务经理	签订委托贷款协议						
	盘面资产项的委托贷款(借)往前移一格，到期或提前收回本金								
	公司间签订委托贷款协议，获得其他贷款								
	公司间签订委托贷款协议，贷给其他金额								
	获得委托贷款的公司选择一家银行，支付代理费								
	按盘面负债项的委托贷款(贷)余额支付利息								
	按盘面资产项的委托贷款(借)余额收到利息								
信托发行与购买	盘面负债栏的信托借款往前移一格，到期偿还/提前偿还本金	总经理	填写信托发行与购买表，签订信托购买协议						
	盘面资产栏的信托投资往前移一格，到期收回/提前收回本金								
	发行房产信托产品，填写信托发行与购买表，收到房产信托投资款								
	发行房产信托的公司支付银行承销费和包销费								
	投资房产信托，签订信托购买协议，支付投资款								
	支付信托利息								
	收到信托利息								
竞标与转让土地	竞标土地，填写土地竞标表，获得土地数量(亩)	运营经理	填写土地竞标表和转让表						
	竞标土地，支付土地款，金额为								
	土地竞标违约，被没收保证金或罚款								
	转出土地，填写土地转让表，成功转让数量为(亩)								
	转出土地，相应数量的土地价值筹码移出盘面，金额为								
	转出土地，收到现款								
	转出土地的应收款								
	收购其他公司土地，数量为(亩)								
	收购其他公司土地，支付现款								
	收购其他公司土地剩余应付款								
竞标城建工程与盘点	一级资质房企竞标城市基础设施与配套工程	市场经理	订单						
	现金盘点								

表 2.8　房地产公司销售竞标与施工交付

经营步骤		责任人	填写单据	发生金额/万元					
				第一年	第二年	第三年	第四年	第五年	第六年
股权投资	购买股票,支付股票投资款	总经理	填写股权投资表						
	卖出股票,先填写股票当年投资总价款(含溢价)								
	卖出股票,收到股票转让款								
工程实施	城市基础设施与配套工程投入技术设计费	运营经理	无						
	支付城建工程的建安费								
	投入土地修建商品房,投入的土地数量为(亩)								
	修建商品房的土地价值筹码随土地一起移动,金额为								
	投入土地修建别墅,投入的土地数量为(亩)								
	修建别墅的土地价值筹码随土地一起移动,金额为								
	支付商品房的建安费,并用土地与土地价值筹码+建安费换取商品房筹码								
	支付别墅的建安费,并用土地与土地价值筹码+建安费换取别墅筹码								
订单竞标与交货	订单竞标,广告费上限	市场经理	填写订单竞标单						
	订单竞标,填写订单竞标单,支付广告费								
	订单竞标,商品房的每亩景观设计报价(万元/亩)								
	订单竞标,别墅的每亩景观设计报价(万元/亩)								
	实际交货的商品房数量(套)								
	实际交货的别墅数量(套)								
	实际交货的限价房数量(套)								
收取货款	所有交货获得的首付款(来源于教师端交货数据录入的现金收入)	市场经理	签订消费贷款协议						
	政府收购的限价房收入记2年期应收款								
	办理消费贷款,获得现金								
	支付消费贷款额度占用费								
	无法拿到消费贷款,记6年应收款,金额为								
	按已交货的土地亩数支付商品房(含限价房)和别墅景观设计费								
	收到城市基础设施与配套工程换取的土地亩数								
	换取土地的价值筹码一起放在盘面上,金额为(万元)								
团队管理业务	本期招募运营团队(个),保证每期末至少应有一个团队	运营经理	无						
	本期辞退运营团队(个)								
	招募/辞退运营团队,支付团队招募费								
	支付团队工资奖金(含已辞退团队)								
	现金盘点								

表 2.9 房地产公司投融资业务

经营步骤		责任人	填写单据	发生金额/万元					
				第一年	第二年	第三年	第四年	第五年	第六年
银行存款	银行存款往前移一格，到期收回/提前收回本金	理财经理	填写对公存款竞标表						
	办理银行存款								
	收到所有银行存款余额利息								
国债业务	国债往前移一格，到期兑付/提前兑付金额	理财经理	填写国债购买竞标表						
	提前兑付国债支付手续费								
	填写国债购买竞标表，按国债原值支付国债投资款								
	支付国债购买溢价								
	按照本年度国债余额收到国债利息								
盘点现金	现金盘点	财务经理							

表 2.10 房地产公司外部经营业务

经营步骤		责任人	填写单据	发生金额/万元					
				第一年	第二年	第三年	第四年	第五年	第六年
交费或奖励	支付管理费（每年管理费 1 000 万元）	财务经理	无						
	支付罚款等其他费用								
	按商品房和限价房交付数量排名获得政府奖励或其他奖励								
交税	交营业税	会计主管	无						
	交所得税								
盘点土地	期末剩余土地数量（亩）	全体成员	无						
	期末剩余土地价值								
盘点库存商品房	期末库存商品房（套）								
	期末库存商品房占用的土地数量（亩）								
	期末库存商品房的土地价值								
	期末库存商品房的建安成本								
盘点库存别墅	期末库存别墅（套）								
	期末库存别墅占用的土地数量（亩）								
	期末库存别墅的土地价值								
	期末库存别墅的建安成本								
盘点现金	期末现金余额								

2.3.7 房地产公司业务公告单

房地产公司业务公告单见表2.11~表2.19。

表2.11 ____房地产公司股权投资

购买规则：按溢价率高者优先满足，再按照购买规模最大者依次优先满足

时间	第一年	第二年	第三年	第四年	第五年	第六年
购买规模/万元						
溢价/万元						

注：购买者可按约定比例获得每年利润分红

表2.12 ____房地产公司对公贷款

竞争规则：由贷款综合指标得分最高的企业先选银行进行贷款，银行如果拒绝，其同等客户的贷款利率应依次升高；如果企业贷款综合指标得分相同，再依次比较贷款规模大小

时间	第一年	第二年	第三年	第四年	第五年	第六年
贷款规模/万元						

表2.13 ____房地产公司委托贷款

竞争规则：由资金需求最多的企业优先选择利率最低的委托贷款和中间业务费率最低银行

时间	第一年	第二年	第三年	第四年	第五年	第六年
需要贷款的规模/万元						
愿意贷出金额/万元						
年利率						

表2.14 ____房地产公司房产信托发行与购买

发行承销规则：由承销费率或包销费率最低，同时承销上限大于信托发行规模的银行先选择公司，公司不得拒绝；费率相同时，由承销上限大的银行先选择

购买规则：按照购买规模最大者依次优先满足

时间	第一年	第二年	第三年	第四年	第五年	第六年
信托发行规模/万元						
期限/年						
预期最高年收益						
可抵押物价值/万元						
购买规模/万元						

注：信托发行并不承诺年收益率，只是预期；银行包销只保证兑付本金，不承诺兑付利息

表2.15 ____房地产公司土地竞标单

时间	第一年	第二年	第三年	第四年	第五年	第六年
每亩土地报价（900万~1 300万元/亩，50万元为一个报价单位）/（万元）						
本年竞标土地/亩						

表 2.16 ____房地产公司土地转让

竞争规则：由买入单价最高者优先挑选出让土地最多者

时间	第一年	第二年	第三年	第四年	第五年	第六年
买入单价/（万元/亩）						
买入数量/亩						
需要出让的土地/亩						
出让单价/（万元/亩）						

表 2.17 ____房地产公司商品房和别墅订单竞标 单位：万元

时间	第一年	第二年	第三年	第四年	第五年	第六年
商品房价格（150 万~200 万元，以 10 万元为一报价单位）						
别墅价格（600 万~900 万元，以 50 万元为一报价单位）						
广告费（100 万元~上年销售额的 20%）						
商品房每亩景观投入（100 万~400 万元，每增加 50 万元，将获得 3% 的销售溢价和 3%的销量增长）						
别墅每亩景观投入（规则同上）						

表 2.18 ____房地产公司对公存款竞标 单位：万元

竞争规则：存款规模最大的企业可以优先选择存款利率最高的银行，银行不得拒绝

时间	第一年	第二年	第三年	第四年	第五年	第六年
存款规模（至少一年期，金额至少 5 000 万元）						

表 2.19 ____房地产公司国债购买 单位：万元

购买规则：按溢价率高者优先挑选，再按购买规模最大者依次优先挑选

时间	第一年	第二年	第三年	第四年	第五年	第六年
购买规模（如提前兑付，每年手续费 1%）						
愿意支付的购买溢价						

2.4 商业银行运营规则与操作步骤

2.4.1 商业银行个人存款竞标规则

（1）个人存款的分配由各银行进行营销费用竞标，营销费用越高，获得的个人存款越多。营销费用最小单位为万元。各家银行每年最低营销费用为____元。

（2）同时，上年存款总额、网点和贷款总额越多，下一年的个人存款分配额度越多。

（3）商业银行之间不可以联合竞标个人存款，但可以同业拆借形式进行资金往来。

（4）商业银行每年初需支付全部个人存款的利息（含本年新增个人存款）。

2.4.2　商业银行网点规则

（1）商业银行个人存款业务每新增 6 亿元需要 1 个存款团队办理，贷款业务每新增____需要 1 个贷款团队办理。每个存款或贷款团队招募费用为____，年工资奖金为____，所有业务需提前一年配备好存款和贷款团队，否则只能按现有团队最大业务量办理业务。团队辞退当年仍需支付工资奖金。

（2）每个网点能够容纳 1 个存款团队和 1 个贷款团队。每个网点新建费用为____，每年运营费为____。网点撤销当年仍需支付运营费。招募团队前必须先建网点，但建好网点后可以不招募团队。

2.4.3　中间业务

商业银行中间业务内容及收费标准如表 2.20 所示。

表 2.20　商业银行中间业务内容及收费标准

类别	收费内容与标准
结算及代理费	企业之间的委托贷款必须通过银行进行，银行可收取代理费，金额自定
额度占用费	由于商业银行额度有限，若房地产公司想要及时拿到贷款，银行可以要求支付一定额度占用费（承诺费），金额自定
财务评审费	每笔对公贷款每年按一定金额的百分比收取财务评审费，比例自定（用于商业银行每年要做的贷款评审，消费贷款没有财务评审费）
佣金	企业发行信托，包销银行收取佣金，金额自定
担保费	企业发行信托，包销银行收取担保费，金额自定

2.4.4　商业银行辅助决策表格

商业银行资金规划表见表 2.21。

表 2.21　商业银行资金规划表　　　　　　　　单位：万元

项目	第一年	第二年	第三年	第四年	第五年	第六年
上年现金余额						
归还各项到期负债						
支付利息及中间费用						
各项贷款发放总额						
发放票据贴现与同业拆借款						
购买央票/国债						
竞标个人存款支出						
存款准备金支出						
支付管理费						
缴纳所得税						
其他支出						

续表

项目	第一年	第二年	第三年	第四年	第五年	第六年
支出合计						
各项资产到期收回本金及利息						
各项中间业务收入						
个人存款及企业存款预计新增						
存款准备金冲回						
其他收入						
收入合计						
剩余现金预计						
预计发行股票金额						
预计需借入同业拆借款						
预计需向中国人民银行再贷款						

2.4.5　商业银行运营表格

商业银行运营表格包括商业银行现金管理模块（表 2.22），商业银行的股票、贷款、信托业务（表 2.23），商业银行管理流动性与消费贷款（表 2.24），商业银行投融资业务（表 2.25）和政府对商业银行的监督（表 2.26）。

表 2.22　商业银行现金管理模块

填写说明：请在每一年的发生金额一栏中填写数字，之后将自动生成报表，未发生请填 0，数字前面不能用"+"或"−"号，也不用公式形式，如"300+400"。请注意，数字单位是万元，如发生金额为 1 000 万元，只需填写 1 000。请勿更改此表名称结构和任何步骤，期初现金余额一栏将自动计算

业务	经营步骤	责任人	填写单据	发生金额/万元					
				第一年	第二年	第三年	第四年	第五年	第六年
	期初现金余额								
准备金计提	清空上年所有费用栏，填写年末贷款余额表，计提专项贷款损失准备，同时将盘面相应企业贷款移出同等金额至专项损失准备栏	全体成员	填写年末贷款余额表						
资金规划	资金规划，填写相应表格，提交股票发行计划	全体成员	填写表 2.21						
理财结算	公示上年利润，按股份比例支付分红款	理财经理	无						
	股票投资盈利，收到现金分红金额								
再贷款业务	中国人民银行再贷款往前移一格，到期偿还/提前偿还本金	行长	无						
	流动性不足，向中国人民银行再贷款，贷款借入金额								
	支付中国人民银行再贷款利息								
个人存款业务	盘面所有个人存款往前移一格，偿还到期个人存款	客户经理	填写个人存款竞标表						
	填写个人存款竞标表，支付营销费用								
	获得个人存款								
	盘点的个人存款余额为								
	按个人存款余额支付个人存款利息								

续表

业务	经营步骤	责任人	填写单据	发生金额/万元					
				第一年	第二年	第三年	第四年	第五年	第六年
上年未受理的消费贷款继续完成	继续完成上年未受理的企业消费贷款业务，金额为	信贷经理	签订消费信贷协议						
	收到企业办理消费贷款支付的额度占用费								
贴现/转贴现/再贴现业务	查看教师端上年房地产销量变化，判断到期票据是否延期；如未延期，票据往前移一格，到期可收回金额为	信贷经理	填写票据贴现表						
	填写票据贴现表，选择贴现票据或银行转贴现，支付贴现全款								
	收取贴现费								
	到其他银行转贴现，收到贴现全款								
	到其他银行转贴现，支付贴现费								
企业存款提前支取	企业存款提前取出，本金为	综合柜员	无						
	企业存款提前支取，收到违约金								
现金盘点	现金盘点	全体成员	无						

表 2.23 商业银行的股票、贷款、信托业务

业务	经营步骤	责任人	填写单据	发生金额/万元					
				第一年	第二年	第三年	第四年	第五年	第六年
对公贷款业务	企业贷款往前移一格，贷款到期/提前收回本金（按盘面记账筹码金额，不包括已计提损失的贷款本金）	信贷经理	填写对公贷款表，签订贷款协议						
	本年及以前已计提损失准备的贷款又收回								
	填写对公贷款表，发放企业贷款，填写贷款协议书								
	按企业贷款余额收到利息；企业提前还贷或延后还贷加收违约金								
	收到企业的额度占用费和财务评审费等								
代理委托贷款	代理委托贷款的银行，收取代理费	综合柜员	委托贷款表						
信托业务	房企信托投资往前移一格，到期收回/提前收回本金	行长	填写承销房产信托表，签订信托购买协议						
	填写承销房产信托表，投资房产信托，支付投资款								
	承接房产信托发行的银行，收取承销费和担保费								
	按盘面资产栏的信托投资余额收到利息								
现金盘点	现金盘点	全体成员	无						

表 2.24　商业银行管理流动性与消费贷款

业务	经营步骤	责任人	填写单据	发生金额/万元					
				第一年	第二年	第三年	第四年	第五年	第六年
央票业务	央票往前移一格，到期收回本金	会计主管	无						
	购买央票，支付投资款								
	按盘面资产栏的央票余额收到利息								
股票发行与购买	发行股票，填写股票发行与购买表，收到股票投资款	行长	填写股票发行与购买表，颁发股权证						
	购买股票，支付股票投资款								
	卖出股票，先填写股票当年投资总价款（含溢价）								
	卖出股票，收到股票转让款								
	赎回股票，用现金支付								
同业拆借	盘面资产栏的同业拆借（借）往前移一格，到期收回/提前收回本金	行长	填写同业拆借表						
	盘面负债栏的同业拆借（贷）往前移一格，到期偿还/提前偿还本金								
	存贷比超标的银行同业拆借，填写同业拆借表，借入资金								
	同业借出资金								
	按盘面资产栏的同业拆借（借）余额收到利息；对方无法偿还时收到违约金								
	按盘面负债栏的同业拆借（贷）余额支付利息；无法偿还时支付违约金								
个人消费贷款	原有消费贷款往前移一格，填写消费贷款表，办理消费贷款业务，金额为（5 年期）	信贷经理	填写消费贷款表						
	收到企业办理消费贷款支付的额度占用费								
	本年度中国人民银行宣布的贷款基准利率为								
	收到消费者支付的消费贷款余额利息，金额为								
	由消费者每年等额偿还本金								
	盘点消费贷款余额为								
网点经营业务	增设营业网点数量（个）	行长	无						
	撤销营业网点数量（个）								
	本期末营业网点数量（个）								
	支付网点建设费								
	支付网点运营费（含已撤网点）								

续表

业务	经营步骤	责任人	填写单据	发生金额/万元					
				第一年	第二年	第三年	第四年	第五年	第六年
团队管理业务	本期招募存款团队（个）	综合柜员	无						
	本期招募贷款团队（个）								
	本期辞退存款团队（个）								
	本期辞退贷款团队（个）								
	本期末存款团队总数量（个）								
	本期末贷款团队总数量（个）								
	支付团队招募费								
	支付团队工资奖金（含已辞团队）								
盘点现金	现金盘点	全体成员	无						

表 2.25　商业银行投融资业务

业务	经营步骤	责任人	填写单据	发生金额/万元					
				第一年	第二年	第三年	第四年	第五年	第六年
对公存款	盘面负债栏的企业存款往前移一格，到期偿还	客户经理	填写对公存款竞标表						
	填写对公存款竞标表，吸收企业存款								
	盘点负债栏的企业存款余额								
	支付所有企业存款的利息								
存款准备金	中国人民银行宣布的本年度存款准备金率	主办会计	无						
	以所有个人和企业存款余额为基数，上缴存款准备金								
	中国人民银行退回多缴的存款准备金								
	盘点存款准备金余额								
国债业务	国债往前移一格，到期兑付/提前兑付本金	客户经理	填写国债购买表						
	提前兑付国债支付手续费								
	填写国债购买表，支付国债投资款								
	支付国债购买溢价								
	按照本年度国债余额收到国债利息								
盘点现金	现金盘点	全体成员	无						

表 2.26 政府对商业银行的监管

业务	经营步骤	责任人	填写单据	发生金额/万元					
				第一年	第二年	第三年	第四年	第五年	第六年
交费或奖励	支付管理费（每年 1 000 万元）	综合柜员	无						
	支付罚款等其他费用								
交税	交所得税	会计主管	无						
盘点现金	期末盘面现金余额	全体成员	无						

2.4.6 商业银行业务公告单

商业银行业务公告单见表 2.27~表 2.37。

表 2.27 各商业银行年末贷款余额　　　　　　　　　单位：万元

时间	企业 A	企业 B	企业 C	企业 D	企业 E	企业 F
第一年						
第二年						
第三年						
第四年						
第五年						
第六年						

表 2.28 各商业银行个人存款竞标单　　　　　　　　　单位：万元

时间	第一年	第二年	第三年	第四年	第五年	第六年
营销费用（最低为 100 万元）						

表 2.29 各商业银行票据贴现　　　　　　　　　单位：万元

竞争规则：由贴现费最低的银行优先选择，贴现费相同按提交顺序优先

时间	第一年	第二年	第三年	第四年	第五年	第六年
每 5 000 万元票据年贴现费						

表 2.30 各商业银行股权发行与购买

购买规则：按溢价率高者优先满足，再按照购买规模最大者依次优先满足

时间	第一年	第二年	第三年	第四年	第五年	第六年
股权发行规模/万元						
占股权比例						
购买规模/万元						
溢价/万元						

表 2.31　各商业银行对公贷款

竞争规则：由贷款综合指标得分最高的企业先选银行进行贷款，银行如果拒绝，其同等客户的贷款利率只能依次升高。如果企业贷款综合指标得分相同，再依次比较贷款规模大小

时间	第一年	第二年	第三年	第四年	第五年	第六年
贷款最高年利率（不高于客户的息税前毛利率）						
对老客户或大客户的最低年利率（不低于可用资金成本率）						
额度（最大不应超过存贷比）/万元						
额度占用费率（一次性收取）						
财务评审费（每年收取）/万元						

注：当企业年末的资产负债率超过 65%时，当年为该企业发放贷款的银行将被罚款

表 2.32　各商业银行委托贷款

竞争规则：由资金需求最多的企业优先选择利率最低的委托贷款和中间业务费率最低的银行

时间	第一年	第二年	第三年	第四年	第五年	第六年
中间业务费率						

表 2.33　各商业银行承销房产信托

承销规则：由承（包）销费率最低，同时包销上限大于信托发行规模的银行先选择企业，企业不得拒绝；费率相同时，由包销上限大的银行先选择

购买规则：按期望最低收益低者优先满足，再按照购买规模最大者依次优先满足

时间	第一年	第二年	第三年	第四年	第五年	第六年
承销费率（一次性收取）						
包销费率（一次性收取）						
包销额度上限/万元						
购买规模/万元						

注：若无人购买信托，包销银行应按包销额度上限全部包销。选择承销制，银行则不承担包销责任

表 2.34　各商业银行消费贷款

竞争规则：消费贷款规模最大的企业先选额度占用费最低的银行进行贷款，银行如果拒绝，其同等客户的额度占用费率只能依次上升

时间	第一年	第二年	第三年	第四年	第五年	第六年
额度（不应超过存贷比）/万元						
额度占用费（一次性收取）						

表 2.35　各商业银行对公存款竞标

竞争规则：存款规模最大的企业可以优先选择存款利率最高的银行，银行不得拒绝

时间	第一年	第二年	第三年	第四年	第五年	第六年
存款最低年利率						

注：吸引企业存款，有利于降低银行存贷比

表 2.36　各商业银行同业拆借

竞争规则：由资金需求最多的银行优先选择利率最低的同业拆借

时间	第一年	第二年	第三年	第四年	第五年	第六年
需要贷款的规模/万元						
愿意贷出金额/万元						
贷出款项年利率						

注：同业借入有利于降低存贷比

表 2.37　各商业银行国债购买　　　　　　　　　单位：万元

购买规则：先按溢价率高者优先的规则挑选，再按购买规模大者依次优先的规则挑选

时间	第一年	第二年	第三年	第四年	第五年	第六年
购买规模（如提前兑付，每年手续费 1%）						
愿意支付的购买溢价						

第3章

实验教学大纲

3.1 实验课的性质与任务

本课程是经济类和金融类专业的必修专业课之一,是"商业银行经营与管理"的同步实验课,也可以作为"货币银行学"的后续实验课。商业银行模拟经营沙盘实验是让学生通过"做"来"学"。学生被置于一个几近真实的商业大环境中,面对严格执法的监管机构和良莠不齐的客户,需要切实地将所学的银行经营管理理念和技能付诸实践以判断具体的操作。学生需要根据虚拟的客户提出的各种要求来进行相应的分析判断及决策,如客户所提出的贷款申请该行是否受理,如果不受理理由是什么,接受以后如何操作,通过对每一步操作的自主思考,学生可以加强对银行相关业务处理的理解,提高业务操作的熟练程度,更重要的是能培养学生自我管理和整体规划的能力。因此,该课程可以有效地增强学生的学习能力,使学生对所学理论知识的理解更透、记忆更深,同时学生也能体会并触摸到商业银行具体的经营运作方式。

3.2 实验课程目的与要求

3.2.1 实验目的

(1)养成良好的商业银行职业习惯。"商业银行模拟经营沙盘实验教程"是通过构建仿真的环境、按实际商业银行工作的操作规范和业务流程设置仿真的岗位,通过角色扮演、协同工作及角色轮换让学生从大体上把握当商业银行面对不断变化的宏观经济环境时的经营之道,并系统了解银行相关岗位(特别是信贷岗、会计岗、风险控制岗)所需的技能,同时使学生在在校期间就养成按商业银行业务流程和规定实施内部控制、防范风险的良好职业习惯。

（2）体现以就业为导向的"岗位实训模式"。该实训将实际工作过程与项目教学法、任务驱动教学法、案例教学法、研究式协作学习法有机结合，形成以就业为导向的"岗位实训模式"。

（3）凸显"与现实工作的零距离"。它开阔学生视野，扩大知识领域，改善学习环境，使学生通过实践提高适应商业银行工作的综合素质，深切感受金融理论对实践的指导意义，从而深刻领悟实践与理论相结合所带来的成就与意义，凸显"与现实工作的零距离"。

（4）提升学生综合就业能力。通过体验式实战演练和模拟，加强对学生创造能力的培养，使学生学会在实践中发现问题、提炼问题、概括问题和解决问题。

3.2.2　实验要求

（1）能够对商业银行三大报表进行简单分析；

（2）能够对资本市场的宏观运行进行点评分析；

（3）能够列出商业银行风险控制表和整改意见表；

（4）能够对不良贷款进行分析并提出意见，出具贷款调查报告；

（5）能够比较规范地撰写商业银行经营与业务分析报告；

（6）能够撰写简单的商业银行分级监管报告；

（7）能够对企业三大报表进行分析，并进行贷前财务分析和非财务分析。

3.2.3　实验项目及内容提要

实验项目及内容提要见表 3.1。

表 3.1　实验项目及内容提要

×××实验课程　　（课程编号）

实验名称	学时	必做	选做	学分数	实验类型				内容提要
					基本操作	验证	综合	设计	
商业银行核心业务和绩效管理实验	6	√					√		商业银行对房地产公司开展存贷款业务、票据业务和中间业务
商业银行会计与报表业务实验	4	√					√		商业银行通过会计核算管理核心业务的运营
政府对商业银行的评级和监管实验	4	√					√		每会计年度检查各商业银行的存贷比、资本金充足率、不良贷款比率、拨备覆盖率与风险准备金计提情况
商业银行信贷业务实验	6	√					√		各商业银行对房地产公司进行授贷调查，进行信贷业务管理
商业银行风险管控实验	6	√					√		判定贷款等级并计提风险准备金
商业银行投资与理财实验	6	√					√		设计金融产品方案，进行企业营销调研，识别企业金融业务的需求

3.3 实验内容安排

3.3.1 实验一：商业银行核心业务和绩效管理实验

（1）学时安排：6学时。

（2）目的要求：①理解商业银行损益表、资产负债表、资金规划表；②能够完成简单的商业银行业务经营报告。

（3）实验内容：①各商业银行制订资金运营计划；各商业银行对房地产公司开展存贷款业务、票据业务和中间业务；②每一会计年度密切关注金融市场的运行指标；③商业银行的经营运作由商业银行行长调控，并在企业确定经营项目之后找企业拉存贷款，综合柜员负责与客户签订合同及办理部分中间业务，会计主管负责整理内部资料并完成该年度的资产负债表、现金流量表和损益表；④各商业银行编制报表。

（4）主要仪器设备：计算机、交换机、无线路由器、麦克风、投影机等实验项目基础设备；"商业银行模拟经营沙盘实验教程"全套教具。

3.3.2 实验二：商业银行会计与报表业务实验

（1）学时安排：4学时。

（2）目的要求：①通过会计核算业务管理商业银行的存贷款业务、中间业务及投资业务；②分析损益表和资产负债表，共同商定调整下一期经营计划。

（3）实验内容：①各商业银行对存贷款业务、中间业务及投资业务进行核算；②各商业银行会计主管填制现金流量表、损益表、资产负债表；③各商业银行根据会计报表，总结经营结果。

（4）主要仪器设备：计算机、交换机、无线路由器、麦克风、投影机等实验项目基础设备；"商业银行模拟经营沙盘实验教程"全套教具。

3.3.3 实验三：政府对商业银行的评级和监管实训

（1）学时安排：4学时。

（2）目的要求：①理解并计算商业银行分级监管指标，形成报告；②观察商业银行经营风险，并给出控制和整改意见表；③熟悉不良贷款评价指标和风险准备金的评判与计提标准，并进行计算。

（3）实验内容：①政府宣布需要各商业银行提交的年度资料（如各行的资本金充足率、不良贷款总量、不良贷款率、拨备覆盖率等）、对银行的评级依据及相应监管手段；②政府的运作由银监局局长调控，检查商业银行是否有违规记录并提出相应的整改意见；③每会计年度检查各商业银行的存贷比、资本金充足率；④每会计年度检查商业银行的不良贷款比率、拨备覆盖率与风险准备金计提情况；⑤根据各商业银行的运营情况出具风险控制表和整改意见表。

（4）主要仪器设备：计算机、交换机、无线路由器、麦克风、投影机等实验项目基础设备；"商业银行模拟经营沙盘实验教程"全套教具。

3.3.4 实验四：商业银行信贷业务实验

（1）学时安排：6 学时。

（2）目的要求：①分析商业银行贷款总量与贷款结构；②给出商业银行授贷调查报告；③能够对商业银行信贷审查提出意见。

（3）实验内容：①每个会计年度初，商业银行制订资金运营计划，计算本年信贷额度；②判断市场流动性大小，计算资金成本，确定贷款定价范围；③进行贷前资信调查，查看各企业的损益表与资产负债表；④贷中审查与中间业务谈判；⑤贷后跟踪与风险评级。

（4）主要仪器设备：计算机、交换机、无线路由器、麦克风、投影机等实验项目基础设备；"商业银行模拟经营沙盘实验教程"全套教具。

3.3.5 实验五：商业银行风险管控实验

（1）学时安排：6 学时。

（2）目的要求：①能够根据客户经营状况判断不良贷款；②能够统计并分析商业银行不良贷款；③能够对不良贷款提出处理意见。

（3）实验内容：①每个会计年度初，企业通过公开投标的方式确定本年的经营项目，填写贷款可行性分析报告、借款申请书；②检查各企业该年度的现金流量表、损益表、资产负债表，计算相应的财务指标；③根据企业还款情况，按 5 级分类标准判定所有贷款的等级；④深入了解企业运营状况，判定产生不良贷款的原因；⑤每一会计年度计提风险损失准备金；⑥根据不良贷款的原因，制定有针对性的处理措施。

（4）主要仪器设备：计算机、交换机、无线路由器、麦克风、投影机等实验项目基础设备；"商业银行模拟经营沙盘实验教程"全套教具。

3.3.6 实验六：商业银行投资与理财实验

（1）学时安排：6 学时。

（2）目的要求：①能够对不同客户进行分类，确定自己的目标客户；②能参照已有格式完成简单的贷款调查评估报告；③能对不同客户提供多种金融服务解决方案。

（3）实验内容：①对所有客户企业的财务状况进行调查；②营销前的表格和产品知识准备；③进行企业营销调研，识别企业金融业务的需求；④设计金融产品方案；⑤营销方案审查与修订；⑥每个会计年度进行业务跟踪与指导，并根据企业不同特点提供理财顾问服务。

（4）主要仪器设备：计算机、交换机、无线路由器、麦克风、投影机等实验项目基础设备；"商业银行模拟经营沙盘实验教程"全套教具。

3.4 实验报告的格式

本部分请各学院按此格式，学生统一使用，实验完毕后，根据预习和实验中的现象及数据记录等，及时、认真地写出实验报告，教师批改后下发学生，实验考试完毕后实验室收回存档。实验报告格式如下：

实验名称

（一）实验目的	
（二）主要仪器设备及教具	列出实验中主要使用的仪器设备及教具
（三）内容及程序	简明扼要写出实验步骤及流程
（四）结果与分析	应用文字、表格、图形等将数据表示出来，根据实验要求对数据进行分析讨论和误差处理
（五）问题讨论	结合所学理论知识，对实验中的现象、数据、产生的误差等进行分析和讨论，以提高自己分析问题和解决问题的能力并提出应注意的事项，为以后的科学研究打下基础

3.5 考核方式及实验成绩评定方法

学生个人成绩由团队运营得分、实验报告、所在团队内部评价和出勤率四个部分构成，学生个人成绩构成见表3.2。

表 3.2　学生个人成绩构成

项目	权重	评分标准
团队运营得分	50%	商业银行组：政府对商业银行综合评分，由两部分构成，抢答占10%、完成业务速度占10%
		企业组：商业银行对企业的信贷综合评价，由两部分构成，抢答占10%、完成业务速度占10%
		中国人民银行与政府组：由三部分构成，课堂参与抢答占10%、市场流动性[*]占40%、CPI指标[**]占50%
		中国人民银行组团队运营得分=[历年抢答得分+市场流动性得分+CPI（consumer price index，即居民消费价格指数）指标得分]均值
实验报告	40%	由老师评价
所在团队内部评价	—	由组长评价
出勤率	10%	病事假、迟到或早退扣2分/次，缺席扣5分/半天
合计	100%	以上各项加权平均

　　[*]市场流动性评分：流动性=年末各组现金余额之和+本年各房地产公司销售收入之和，各年度市场流动性与第一年流动性相比，在±0.1以内得40分，否则超出0.1扣2分，如第一年流动性为0.9，则第二年流动性范围在0.8~1.0均得40分，否则每超出0.1扣2分；[**]CPI：±5%以内得50分，每超出1%扣2分

第4章

实验操作步骤

4.1 课前准备

（1）老师应提前一周将规则交由学生打印，并布置学生详细研读规则。

（2）学生应熟悉商业银行资本金充足率、核心资本充足率、存贷比、不良贷款率、拨备覆盖率、资产收益率和资本收益率等指标的计算。

（3）学生应熟悉企业经营性现金流量、流动比率、速动比率、销售利润率、总资产利润率、净资产利润率、总资产负债率、净资产负债率的计算。

（4）加密U盘的具体操作如下：

第一，加密U盘共有两个加密文件夹：📁 文件1 和 📁 文件2。"文件1"放置了电子分析工具，供学习本课程的所有班级上课操作；"文件2"放置了本课程的所有授课资料（包括学员手册、授课PPT等文件）。

第二，为了保护知识产权，"文件1"中的所有文件均禁止向外复制、粘贴、导出、删除、另存为、重命名，仅允许向内复制、粘贴、修改；"文件2"中的所有文件允许向外打印、修改、复制。

第三，两个加密文件夹的用户名都请选择"老师"，操作密码都是laoshi。请老师和学员切勿随意删除U盘内的文件。

第四，上课前，老师可以将"文件2"中的"学员打印的规则"文件夹拷给学员打印，以备上课使用。

第五，上课开始时，老师应将"文件2"中的"学生文件"文件夹放在桌面上，设为共享（共享设置的相关操作请查阅"Win7和Win XP共享方法.doc"），由各组找到对应Excel文件，拷到本地计算机，在离线状态下填写。请注意：学生不得修改该Excel文件名，否则系统将无法读取。

第六，每一年运营结束时，学员填写完Excel操作后，在共享状态下，可以存回老师的桌面共享文件夹（也可以让学生拷回到桌面共享文件夹中），然后老师把该共享文件夹中的所有 Excel 文件复制到加密 U 盘中的"文件 1"相应班级中，替换相应的 Excel 文件，系统将根据这些文件生成其他报表数据。请注意：此时被替换的 Excel 文件应先关闭。

第七，请注意讲解，所有 Excel 文件只填写阴影背景的单元格，其余所有单元格都不用填写。

第八，在 Office 2003 中，如果打开 Excel 文件时，如图 4.1 所示，请选择"更新"。

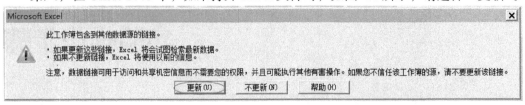

图 4.1　更新链接窗口

为了不在每次打开各功能模拟时显示图 4.1 提示，请打开 Excel 2003 文件，点击"工具"—"选项"—"编辑"，把"请求自动更新链接"的勾选去掉，如图 4.2 所示。

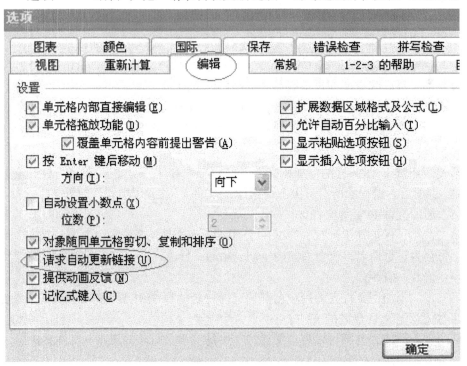

图 4.2　取消请求自动更新链接界面

在 Office 2007 中，取消自动更新安全链接提示的操作如下所示。

在"Microsoft Office 安全选项"对话框中，单击"打开信任中心"，如图 4.3 所示。

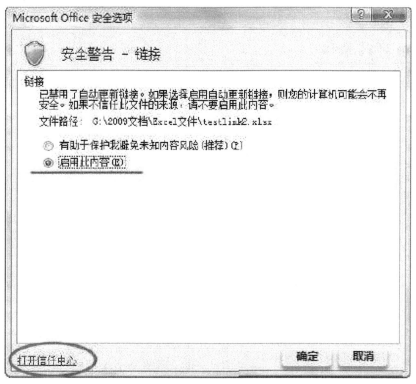

图 4.3　安全选项界面

在弹出的"信任中心"对话框中，选择"启用所有工作簿链接的自动更新（不建议使用）"，如图 4.4 所示。

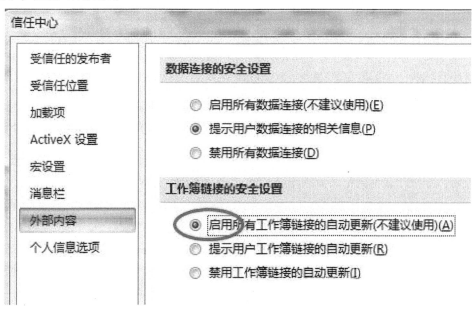

图 4.4　信任中心界面

■ 4.2 教师端操作

老师及中国人民银行团队每一年组织操作的步骤如表 4.1 所示。

表 4.1　老师及中国人民银行团队每一年组织操作的步骤

学生步骤	老师步骤
学生通过 FTP（file transfer protocol，即文件传输协议）或 U 盘把各公司操作文件拷到本地电脑	把装有电子分析工具的加密 U 盘在教师机上导出"学生文件"文件夹，或将此文件夹在 FTP 上设为共享，引导学生找到各公司操作文件；打开电子分析工具——商业银行模拟经营沙盘分析工具 111004.xls，点击"教学管理"按钮，录入各组信息（此步骤仅限于初始年）；回到分析工具主界面，点击"各组初始现金/股本"，引导各组布置初始盘面（此步骤仅限于初始年）；按学生端系统确定房地产公司和银行初始状态的交易关系，填写各类协议文本（格式见附录）
学员进入各公司或银行操作文件的"现金管理模块"，清空盘面各项费用筹码，按步骤操作	清空盘面企业栏筹码，填写银行营运系统清收到期个人存款与全部利息，清收到期再贷款与再贴现，兑付到期国债与央票；老师在电子分析工具主控台主界面，点击"沙盘操作运营"，进入"不良贷款与风险计提"，让各银行填写各企业贷款余额，系统自动得出各银行应计提的准备金，填写检查商业银行不良贷计提情况（此步骤初始年不做）；返回到"沙盘操作运营"界面，点击"央行宏观政策调控"，宣布本年度宏观调控的货币政策和房地产企业奖励政策；返回到"沙盘操作运营"界面，点击"三大理财产品收益"，宣布三大理财产品收益率，并分配投资收益（此步骤从第三期开始）；检查银行和企业是否按发行股票承诺的利润比例分配股利
各银行组填写竞标单，依次进入操作文件的"存贷业务""投融资业务""管理流动性""中间业务及其他"，按步骤操作	返回到"沙盘操作运营"界面，点击"个人存款竞标"，组织各银行填写竞标单，检查个人存款团队数量，待各组已付营销费用再发放个人存款
各企业组填写竞标单，依次进入各公司操作文件的"贷款与土地竞标""投融资业务""销售竞标与施工交付""外部经营业务"，按步骤操作	返回到"沙盘操作运营"界面，点击"土地竞标和景观投入"，组织各企业填写竞标单，录入土地单价、竞标数量、每亩景观投入，填写公司运营系统检查土地款是否已付，按系统分配发放土地；检查银行存贷比，并宣布存贷比超标银行，记录各银行存贷款与委托理财金额，填写银行运营系统核查各团队是否未达到运营能力；返回到"沙盘操作运营"界面，点击"订单竞标"，组织各企业填写竞标单，录入系统，填写公司运营系统并检查房企广告费是否已交，运营能力是否不足；老师在电子分析工具主控台主界面，点击"交货数据录入"，组织各公司按订单收货、付款；中国人民银行组的消费者代表签字确定各组消费贷款是否转为应收款，并登记在学生端系统
每运营完一年后，各组把 Excel 操作文件拷回到加密 U 盘相应班级，完成老师布置的作业，并准备撰写实验报告	发放企业交货奖励和其他奖励资金；每运营完一年后，待所有银行和企业的报表文件拷回到加密 U 盘相应班级后，返回电子分析工具主界面，点击"绩效评估与分析"，对比各企业运营绩效；对学生端系统记录未按时完成运营业务的小组扣分
学生进入各公司操作文件的"利润查询"和"资产负债表查询"，检讨本年度利润目标是否实现	在电子分析工具主界面，依次点击"商业银行综合评级""房企团队综合评级""各团队评分""团队成员评分"，记录各组及成员成绩（每年各企业与各银行的抢答次数也记录在此）；分享相应主题，并布置学生作业

注：在老师操作步骤中，各步骤可连续进行，不必等待学生完成相应操作

上课开始时，老师点击"商业银行沙盘分析工具"中相应班级的"商业银行模拟经

营沙盘分析工具 111004.xls",通过左上角返回按钮,看到商业银行模拟经营沙盘分析工具主界面,如图 4.5 所示。

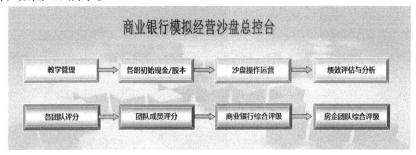

图 4.5 商业银行模拟经营沙盘分析工具主界面

4.2.1 教学管理

点击图 4.5 的"教学管理"按钮,进入教学管理界面,如图 4.6 所示,能够进行学员团队的基本管理,包括组长信息、班级信息、小组人数等(通过左上角返回按钮,可回到主界面,点击序号列的字可以链接到各组的成员及评分)。

		序号	组长姓名	组长学号	组长电话	所在组名称	所在班级	小组人数
		银行A						
		银行B						
		银行C						
		银行D						
		银行E						
		银行F						
团队组长		企业A						
		企业B						
		企业C						
		企业D						
		企业E						
		企业F						

图 4.6 教学管理界面

4.2.2 各组初始现金/股本

点击图 4.5 的"各组初始现金/股本"按钮,能够进入初始现金与股本界面,如图 4.7 所示。房地产公司数量和商业银行数量需要手动填入,初始年房地产公司现金、初始年商业银行现金、初始年房地产公司股东资本及初始年商业银行股东资本将根据填入的房地产公司和商业银行的数量自动生成。

各公司初始现金与股本	
	第一年初始状态
房地产公司数量（家）	6
商业银行数量（家）	6
初始年房地产公司现金（万元）	1000
初始年房地产公司股东资本（万元）	10000
初始年商业银行现金（万元）	3400
初始年商业银行股东资本（万元）	20000

图 4.7　初始现金与股本界面

4.2.3　沙盘操作运营

点击图 4.5 的"沙盘操作运营"按钮，即可进入沙盘操作运营界面，见图 4.8。

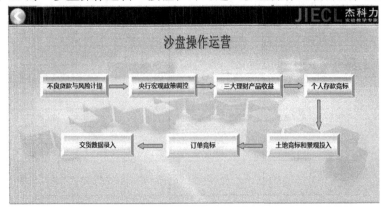

图 4.8　沙盘操作运营界面

依次点击图 4.8 的每个按钮，组织各组进行沙盘操作。从第二年开始，建议由中国人民银行组操作此界面，组织全班进行沙盘运营。

（1）不良贷款与风险计提。点击图 4.8 中的"不良贷款与风险计提"按钮，选中相应年份，如图 4.9（a）所示，出现如图 4.9（b）的界面，由各组学员在阴影部分的空格中输入各企业在相应银行的贷款余额，系统将自动判断是否属于不良贷款，并计算出专项风险计提金额。

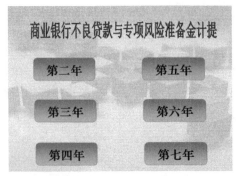

（a）商业银行不良贷款与专项风险准备金计提主界面

六家商业银行	六家房地产企业						银行专项风险损失提取金额(万)	不良贷款金额(万)
	A	B	C	D	E	F		
	贷款余额(万)	贷款余额(万)	贷款余额(万)	贷款余额(万)	贷款余额(万)	贷款余额(万)		
A							0	0
B							0	0
C							0	0
D							0	0
E							0	0
F							0	0
贷款分类	正常类贷款	正常类贷款	正常类贷款	正常类贷款	正常类贷款	正常类贷款		
风险损失提取比例	0	0	0	0	0	0		

第二年商业银行不良贷款与专项风险损失准备计提

(b)不良贷款与专项风险损失准备计提录入界面

图 4.9 不良贷款与风险计提界面

(2)中国人民银行宏观政策调控。点击图 4.8 中的"央行宏观政策调控"按钮,出现界面如图 4.10 所示,宣布本年各项货币政策。注意:从第三年开始,系统会智能给出建议值,由老师或中国人民银行组决定是否调整建议值。

宏观政策	第一年	第二年	第三年	第四年	第五年	第六年
存款利率	3%	3%	#DIV/0!	#DIV/0!	#DIV/0!	#DIV/0!
贷款利率	8%	8%	#DIV/0!	#DIV/0!	#DIV/0!	#DIV/0!
再贴现率	2%	2%	#DIV/0!	#DIV/0!	#DIV/0!	#DIV/0!
再贷款率	4%	4%	#DIV/0!	#DIV/0!	#DIV/0!	#DIV/0!
存款准备金率	15%	15%	#DIV/0!	#DIV/0!	#DIV/0!	#DIV/0!
央票发行规模(万)	0	0	#DIV/0!	#DIV/0!	#DIV/0!	#DIV/0!
国债发行规模(万)	0	0	40000	40000	40000	40000
商品房和别墅调整后首付比例	30%	30%	#DIV/0!	#DIV/0!	#DIV/0!	#DIV/0!
本年供地规模(亩)	0	300	#DIV/0!	#DIV/0!	#DIV/0!	#DIV/0!
新增个人存款总量(万元)	200000	284000	556000	#DIV/0!	#DIV/0!	#DIV/0!
房地产公司营业税率	10%	10%	10%	10%	10%	10%
房地产和银行所得税率	25%	25%	25%	25%	25%	25%
商品房总需求(套)			#DIV/0!	#DIV/0!	#DIV/0!	#DIV/0!
别墅总需求(套)			#DIV/0!	#DIV/0!	#DIV/0!	#DIV/0!

图 4.10 中国人民银行宏观政策调控界面

(3)公布上年理财产品收益。点击图 4.8 中的"三大理财产品收益"按钮,系统将自动计算出上年三大理财产品收益率,中国人民银行组宣布上年三大理财产品收益率,支付理财收益,同时组织各组支付股票分红款。

（4）组织商业银行个人存款竞标。点击图 4.8 中的"个人存款竞标"按钮，选择相应年份，在图 4.11 中空的单元格中，根据各组上交的竞标单输入各组竞标投入，并输入排名，点击图 4.11 中右上角"查看竞标结果"按钮，系统将自动分配存款，如图 4.12 所示，中国人民银行组应在运营手册中记录此表，并检查各银行组是否偿还上年存款余额的 10%、是否偿还到期个人存款、是否支付个人存款利息、是否足额上交存款准备金及存款总量是否突破现在存款团队最大能力。

商业银行	A	B	C	D	E	F
营销费(万)						
营销费排名						
上年个人存款（万）						
个人存款排名						
上年企业贷款和消费贷款（万）						
贷款排名						
网点数量(个)						
网点数量排名						
总得分	0	0	0	0	0	0

第二年 ｜ 查看竞标结果

图 4.11 个人存款竞标界面

商业银行	A	B	C	D	E	F
竞标得分	0	0	0	0	0	0
个人存款总量（万）	284000					
个人存款分配（万）	#DIV/0!	#DIV/0!	#DIV/0!	#DIV/0!	#DIV/0!	#DIV/0!
本年初应还存款（万）	6000	6000	6000	6000	6000	6000
个人存款余额（万）	#DIV/0!	#DIV/0!	#DIV/0!	#DIV/0!	#DIV/0!	#DIV/0!
个人存款年初应付利息（万）	1800	1800	1800	1800	1800	1800
应缴个人存款准备金（万）	#DIV/0!	#DIV/0!	#DIV/0!	#DIV/0!	#DIV/0!	#DIV/0!
应缴企业存款准备金（万）	1500	1500	1500	1500	1500	1500
现有存款团队（个）						

第二年

图 4.12 查看个人存款竞标结果

（5）组织房地产公司进行土地竞标。点击图 4.8 中的"土地竞标和景观投入"按钮，选择相应年份，在图 4.13 中阴影部分单元格中，根据各组上交的竞标单，输入土地竞标单价与土地竞标数量，系统将自动分配各公司土地数量。老师或中国人民银行组可以手工修改本年度供地计划。同时可以根据各组上交的竞标单，输入每亩商品房景观投入和每亩别墅景观投入，系统将自动计算销售溢价。

	A	B	C	D	E	F	G	H
1	房地产公司	第一年房地产公司土地竞标与景观投入						年度合计
2		A	B	C	D	E	F	
3	本年供地计划（亩）							0
4	各公司获得土地（亩）	#DIV/0!	#DIV/0!	#DIV/0!	#DIV/0!	#DIV/0!	#DIV/0!	#DIV/0!
5	各公司应付土地款（万）	#DIV/0!	#DIV/0!	#DIV/0!	#DIV/0!	#DIV/0!	#DIV/0!	#DIV/0!
7	每亩商品房景观投入（万）	100	100	100	100	100	100	600
8	商品房景观投入获得的溢价	0%	0%	0%	0%	0%	0%	
10	每亩别墅景观投入（万）	100	100	100	100	100	100	600
11	别墅景观投入获得的溢价	0%	0%	0%	0%	0%	0%	
12								
13	土地竞标单价（万）							
14	土地竞标数量（亩）							
15	竞标土地款（万）	0	0	0	0	0	0	

图 4.13　土地竞标和景观投入录入界面

（6）组织房地产公司进行订单竞标。点击图 4.8 中的"订单竞标"按钮，选择相应年份，在图 4.14 阴影部分单元格中，根据各组上交的竞标单，输入商品房和别墅报价与广告费投入，系统将自动分配各公司土地数量。注意：这里还需在图 4.14 最后一行输入团队个数，中国人民银行组应在学生端系统中记录此表，并检查订单总额是否超过团队运营能力，如超过，需对该组订单进行调整。

	第一年订单竞标					
房地产公司	A	B	C	D	E	F
商品房报价（万）	200	200	200	200	200	200
商品房总需求量	1750					
别墅报价（万）	900	900	900	900	900	900
别墅总需求量	67					
广告费（万）	100	100	100	100	100	100
品牌效应	100	100	100	100	100	100
商品房订单（套）	290	290	290	290	290	290
别墅订单（套）	12	12	12	12	12	12
订单总金额（万）	68800	68800	68800	68800	68800	68800
团队个数						

图 4.14　房地产公司订单竞标界面

（7）组织房地产公司交货。点击图 4.8 中的"交货数据录入"按钮，选择相应年份，在图 4.15 中阴影部分单元格中，根据各组上交的房屋数量数据，输入实际交货数，系统将自动计算现金收入和银行消费贷款金额。

	交付种类	第一年房企交货					
		A	B	C	D	E	F
订单交付	本年度商品房应交付订单套数	290	290	290	290	290	290
	本年度商品房实际交付订单套数	150	150	150	150	150	150
	商品房实际交付订单收入（万）	30000	30000	30000	30000	30000	30000
	本年度别墅应交付订单套数	12	12	12	12	12	12
	本年度别墅实际交付订单套数	10	10	10	10	10	10
	别墅实际交付订单收入（万）	9000	9000	9000	9000	9000	9000
政府收购	政府收购商品房单价（万）	150	150	150	150	150	150
	政府收购的商品房套数						
	政府收购的商品房收入（万）	0	0	0	0	0	0
	商品房和别墅订单交付总收入（万）	39000	39000	39000	39000	39000	39000
	其中：现金收入（万）	11700	11700	11700	11700	11700	11700
	银行消费贷款（万）	27300	27300	27300	27300	27300	27300
	政府收购总现金收入（万）	0	0	0	0	0	0

图 4.15　房地产公司交货数据录入界面

4.2.4　绩效评估与分析

学员填写完 Excel 操作表后，在共享状态下，可以存回老师的桌面共享文件夹（也可以让学生拷回到桌面共享文件夹中），然后老师把该共享文件夹中的所有 Excel 文件导入到加密 U 盘中的"商业银行沙盘分析工具"相应班级中，替换相应的 Excel 文件，系统将根据这些文件生成其他报表数据。请注意：此时被替换的 Excel 文件应先关闭。

然后点击图 4.5 的"绩效评估与分析"按钮，即可进入绩效评估与分析界面，如图 4.16 所示。

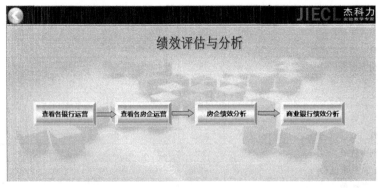

图 4.16　绩效评估与分析界面

（1）查看各银行运营和房企运营。点击图 4.16 中的"查看各银行运营"和"查看各房企运营"按钮，进入学生端操作文件，但仅能查看已拷入加密 U 盘相应班级中的上一期数据。

（2）对比点评各房企绩效。点击图 4.16 中的"房企绩效分析"按钮，选择相应年份，根据图 4.17 中系统自动生成的数据进行各房地产企业绩效对比点评。

（3）对比点评商业银行绩效。点击图 4.16 中的"商业银行绩效分析"按钮，选择相应年份，根据图 4.18 中系统自动生成的数据进行各银行对比点评。

第一年房地产企业绩效分析表

	A	B	C	D	E	F	均值
净利润（万）	8200	8200	8200	8200	8200	8200	8200
股东权益（万）	18200	18200	18200	18200	18200	18200	18200
广告费（万）	100	100	100	100	100	100	100
主营业务收入（万）	39000	39000	39000	39000	39000	39000	39000
每亩土地成本（万）							#DIV/0!
市场占有率	16.67%	16.67%	16.67%	16.67%	16.67%	16.67%	0

图 4.17　房地产企业绩效对比分析界面

第一年商业银行绩效分析　单位：万　%

		A	B	C	D	E	F
当年	净利润（万）	700	700	700	700	700	700
	股东权益（万）	23800	23800	23800	23800	23800	23800
	存款市场占有率	16.67%	16.67%	16.67%	16.67%	16.67%	16.67%
	新增贷款市场占有率	17%	17%	17%	17%	17%	17%
	当年中间业务净收入（万）	1900	1900	1900	1900	1900	1900
	当年主营业务收入（万）	3800	3800	3800	3800	3800	3800
	中间业务收入占主营收入比率	50%	50%	50%	50%	50%	50%
	可用资金成本率	5%	5%	5%	5%	5%	5%
	贷出资金收益率	5%	5%	5%	5%	5%	5%
累计	累计吸收存款的市场占有率	16.67%	16.67%	16.67%	16.67%	16.67%	16.67%
	贷款余额的市场占有率	17%	17%	17%	17%	17%	17%

图 4.18　商业银行绩效对比分析界面

4.2.5　对商业银行团队评分

点击图 4.5 中的"商业银行综合评级"按钮，选择相应年份，在图 4.19 中根据系统自动计算得出的指标进行排名，系统自动统计绩效得分。

第一年银监会对商业银行的监管评级

项目		权重	A		B		C		D		E		F	
			比率	得分	比率	得分	比率	得分	比率	得分	比率	得分	比率	得分
资产充足状况	资本充足率	5%												
	核心资本充足率	5%												
资产安全状况	不良贷款率	10%												
	拨备覆盖率	5%		5.0		5.0		5.0		5.0				
盈利状况	资本收益率（ROE）	20%												
	资产收益率（ROA）	20%												
流动性	存贷比	10%												
	超额准备金比率	5%												
态度评价	业务完成规范（速度）	10%	10		10		10		10					
	历年抢管得分	10%		10.0		10.0		10.0		10.0				
	本年评级得分		25.0		25.0		25.0		25.0					
	历年累计评级得分		25.0		25.0		25.0		25.0					
	小组成绩		100		100		100		100					

图 4.19　政府对商业银行的评级监管

4.2.6　对房地产企业评分

点击图 4.5 中的"房企团队综合评级"按钮，选择相应年份，在图 4.20 中根据系统自动计算得出的指标进行排名，系统自动统计房地产企业的绩效得分。

		权重	A 指标	A 得分	B 指标	B 得分	C 指标	C 得分	D 指标	D 得分	E 指标	E 得分	F 指标	F 得分
			第一年房地产贷款综合评价表											
管理层素质	高管道德	5%												
	公司治理规范性	10%												
	经营风格	5%												
	政府关系	5%												
市场竞争力	公司行业地位	5%												
公司经营前景	净利润（万）	10%	−5400		−5400		−5400		−5400		−5400		−5400	
	净利润增长额													
	经营性现金流量（万）	10%	−5400		−5400		−5400		−5400		−5400		−5400	
	经营性现金流量增长额													
	主营业务收入（万）	10%												
	主营业务收入增长额（万）													
偿债能力	流动比率	5%												
	速动比率	5%												
盈利能力	销售利润率	5%												
	总资产利润率	5%	−32.53%		−32.53%		−32.53%		−32.53%		−32.53%		−32.53%	
负债水平	净资产负债率	5%												
	总资产负债率	5%												
信贷综合评级得分														
信贷综合评级累计得分														
历年抢答次数与得分		10%												
小组成绩			#DIV/0!		#DIV/0!		#DIV/0!		#DIV/0!		#DIV/0!		#DIV/0!	

图 4.20　房地产企业贷款综合评价表

4.2.7　对中国人民银行和政府评分

点击图 4.5 中的"各团队评分"按钮，在图 4.21 右边根据提示手工输入相应分值，系统自动统计每年绩效总得分。

	各组排名得分	银行C	银行D	银行E	银行F	企业A	企业B	企业C	企业D	企业E	企业F	央行与银监会	
第一年	业务完成规范（速度）											组织游戏有序进行（10分）	0
	团队合作（本年抢答）											监管资料完备（10分）	0
	历年累计评级得分	80	80	80	80	60	60	60	60	60	60	本年度分值	0
	本年度小组成绩	100	100	100	100	100	100	100	100	100	100	历年累计得分	
第二年	业务完成规范（速度）											组织游戏有序进行（10分）	
	团队合作（本年抢答）											监管资料完备（10分）	
	历年累计评级得分	130	130	130	130	#DIV/0!	#DIV/0!	#DIV/0!	#DIV/0!	#DIV/0!	#DIV/0!	本年度分值	0
	本年度小组成绩	100	100	100	100	#DIV/0!	#DIV/0!	#DIV/0!	#DIV/0!	#DIV/0!	#DIV/0!	历年累计得分	
第三年	业务完成规范（速度）											组织游戏有序进行（10分）	
	团队合作（本年抢答）											监管资料完备（10分）	
	历年累计评级得分	160	160	160	160	#DIV/0!	#DIV/0!	#DIV/0!	#DIV/0!	#DIV/0!	#DIV/0!	本年度分值	0
	本年度小组成绩	100	100	100	100	#DIV/0!	#DIV/0!	#DIV/0!	#DIV/0!	#DIV/0!	#DIV/0!	历年累计得分	

图 4.21　中国人民银行和政府评分界面

4.2.8　团队成员评分

点击图 4.5 的"团队成员评分"按钮，可以手工统计学员考勤，并记录每个学员的个人成绩和小组成绩，如图 4.22 所示。

（a）团队管理与评分

成员学号	成员姓名	岗位分工	病事假次数	缺席次数	团队评价	实习报告	小组成绩	个人成绩
							#DIV/0!	

A公司成员评分

（b）公司成员评分

成员学号	成员姓名	个人成绩
0	0	0
0	0	0
0	0	0
0	0	0
0	0	0
0	0	0
0	0	0
0	0	0

全班成绩

（c）全班成绩

图 4.22 团队成员评分界面

4.3 学生端操作

打开商业银行报表后会显示现金管理模块的功能，点击左上方的返回按钮可回到银行运营系统总界面，如图 4.23 所示。商业银行具有现金管理模块、存贷业务、投融资业务、管理流动性、中间业务及其他、利润查询、资产负债表查询七大功能。学生按箭头所示方向操作即可。

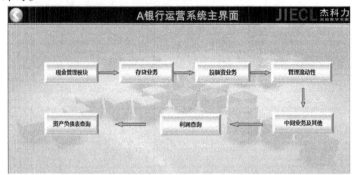

图 4.23　银行运营系统总界面

公司管理运营报表打开后会显示现金管理模块的报表,点击左上方的返回按钮可回到公司运营系统总界面,见图 4.24。公司具有现金管理模块、贷款与土地竞标、投融资业务、销售竞标与施工交付、外部经营业务、利润查询、资产负债表查询七大功能。学生按箭头所示方向操作即可。

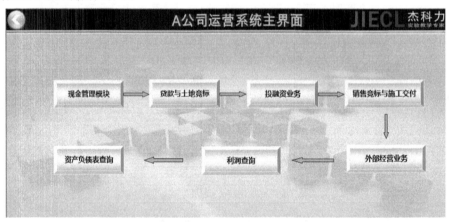

图 4.24　公司运营系统主界面

公司和银行的利润表及资产负债表均能够自动生成,无须学员手工录入,点击图 4.23和图 4.24 中的"利润查询"和"资产负债表查询"的按钮可查看。

第5章

知识点与数据分析

■ 5.1 商业银行经营过程分析

5.1.1 商业银行资金规划

商业银行在期初需要做出资金规划，明确经营战略部署。在银行沙盘中，房地产企业前三年处于扩大规模快速增长的重要阶段，资金需求量是比较大的，及时吸收存款、增加团队办理消费贷款是非常重要的。表 5.1 为商业银行资金规划表。

表 5.1 商业银行资金规划表　　　　　　　单位：万元

序号	项目	第一年	第二年	第三年	第四年	第五年	第六年
1	上年现金余额	6 600					
2	归还各项到期负债	0					
3	支付利息及中间费用	1 050					
4	各项贷款发放总额	80 000					
5	发放票据贴现与同业拆借款	0					
6	购买央票/国债	0					
7	竞标个人存款支出	3 700					
8	存款准备金支出	18 000					
9	支付管理费	1 000					
10	缴纳所得税	597.5					
11	其他支出	1 400					
12	支出合计	105 747.5					
13	各项资产到期收回本金及利息	9 160					
14	各项中间业务收入	580					

序号	项目	第一年	第二年	第三年	第四年	第五年	第六年
15	个人存款及企业存款预计新增	120 000					
16	存款准备金冲回	0					
17	其他收入	0					
18	收入合计	129 740					
19	剩余现金预计	30 592.5					
20	预计发行股票金额	0					
21	预计需借入同业拆借款	0					
22	预计需向中国人民银行再贷款	0					

（1）确定商业银行初始状态、自有资金的实力：现金6 600万元、央票2亿元（未到期）、国债2亿元（未到期）——可用流动资金6 600万元。

决策表第1项——6 600万元

（2）了解国家政策——基准利率水平。

（3）关注资金来源——吸收存款（个人存款+企业存款）。

个人存款竞标决策分析（影响决策的因素）：①自身能力（新增个人存款6亿元/个团队×2个存款团队=12亿元——理想状态下吸收的存款量，也是自身能力的上限）；②营销费（100万元~无限大）；③市场资金需求量——国内生产总值GDP（由于沙盘中只有房地产一个生产行业，这个数值取自于房地产行业总产值，即房企营业收入的总额，行业总产值=房地产营业收入35 020万元×4家房地产公司=140 080万元）。市场占有率又决定了能够贷出去多少钱，所以银行应该扩大市场占有率。

分析：市场资金需求量远远小于理想供给量，应该多争取企业客户贷款。

最终决策：投入100万元的营销费，获得120 000万元的个人存款（理想状态下）。

吸收企业存款决策分析：因企业存款不确定性因素太多，且在经营前期企业资金大多会留存用作下年开发经营。

最终决策：预计吸收企业存款为0万元。

决策表第15项——120 000万元

决策表第7项——营销费100万元+新增存款120 000万元×3%=3 700万元

决策表第3项——期初状态2年期个人存款30 000万元×3.5%=1 050万元

（4）如何运用资金，获得收益。

各项贷款发放总额分析（影响因素）：①自身能力（新增贷款4亿元/个团队×2个贷款团队=8亿元——理想状态下吸收的存款）；②政府政策——存贷比不得超过75%。

本年存款总量=期初状态30 000万元+新增个人存款120 000万元+企业存款0万元=150 000万元

最多可贷出资金150 000×75%=112 500万元

资金市场的繁荣程度——市场上现金的供给需求状况（不可估计）

最终决策：受团队能力的限制，最多可贷出80 000万元贷款。

决策表第 4 项——发放贷款总额 80 000 万元

（5）计算资金的收入。

各项资产到期为 0 元（盘点盘面后发现没有到期资产）。

第一，各项资产利息收入如下：

初始状态下贷给 A 企业 70 000 万元企业贷款×利率 8%=5 600 万元

本年预计贷出 80 000 万元贷款×利率基准［8%×（0.5~4 倍）］（即 4%~32%）——决策：取基准利率 8%

初始状态下国债 20 000 万元×（基准 8%–1%）=1 400 万元

初始状态下的央票 20 000 万元×利率 4%=800 万元

利息收入=7 000×8%+80 000×8%+1 400+800=9 160 万元

决策表第 13 项——9 160 万元

决策表第 17 项——其他收入 0 万元

第二，各项中间业务收入如下：

额度占用费，金额银行自定（一次性收取）

财务评审费，每年按一定金额的百分比收取费用，比例银行自定

本年新放出 80 000 万元贷款，额度占用费 0.5%，财务评审费 0.1%

初始状态贷给 A 企业 7 000 万元贷款财务评审费 100 万元

中间业务收入=80 000 万元×（0.5%+0.1%）+100 万元=580 万元

决策表第 14 项——580 万元

（6）确定存款准备金应缴总额。

现有存款总额=期初个人存款 30 000 万元+新增个人存款 120 000 万元(依据决策 4)+企业存款 0 万元=150 000 万元

存款准备金总额=存款总额 150 000 万元×存款准备金率 15%=22 500 万元

应该补交的存款准备金=22 500 万元–盘面上已交的存款准备金 4 500 万元=18 000 万元

决策表第 8 项——18 000 万元

决策表第 16 项——0 万元

（7）除去发放贷款以外的资金支出。

第一，到期负债——查看盘面后确认为 0 万元。

决策表第 2 项——0 万元

第二，管理费 1 000 万元。

决策表第 9 项——支付管理费 1 000 万元

第三，网点建设费 100 万元、网点运营费 200 万元、团队招募费 100 万元、团队工资 300 万元，存款团队、贷款团队数量已满足，不需招募，也不需新建网点。

其他费用=2 个网点×100 万元+（2 个存款团队+2 个贷款团队）×300 万元=1 400 万元

决策表第 11 项——1 400 万元

（8）查看现金收支状况，判断是否需要投融资。

现金收入=9 160+580+120 000=129 740 万元

现金支出=1 050+80 000+3 700+18 000+1 000+1 400=105 150 万元

剩余现金预计=6 600万元+129 740–105 150万元=31 190万元

分析：剩余现金31 190万元，不需要融资，可以考虑投资，但是下年年初有30 000万元个人存款到期需归还本金，所以剩余现金应留存为下年归还到期个人存款做准备。故不做投资。

决策表第18项——收入合计129 740万元

决策表第5项——0万元

决策表第6项——0万元

决策表第20项——0万元

决策表第21项——0万元

决策表第22项——0万元

（9）计算所得税。

收入=利息9 160万元+中间业务收入580万元+其他收入0万元=9 740万元

资金成本=吸收存款利息（1 050万元+3 600万元）=4 650万元

费用=营销费100万元+管理费1 000万元+团队工资与网点运营1 600万元=2 700万元

利润总额=收入9 740万元–资金成本4 650万元–费用2 700万元=2 390万元

所得税=利润总额2 390万元×25%=597.5万元

决策表第10项——597.5万元

（10）统计剩余现金。

支出合计=现金支出105 150万元+所得税597.5万元=105 747.5万元

剩余现金预计=上年现金余额6 600万元+现金收入129 740万元–支出合计105 747.5万元=30 592.5万元

决策表第12项——105 747.5万元

决策表第19项——30 592.5万元

5.1.2　个人存款竞标决策

商业银行的主要经营业务是吸收存款发放贷款，主要的收入来源于发放贷款的利息收入。在发放贷款时就需要关注各项资金的来源，其中吸收个人存款和企业存款是银行资金的主要来源。吸收存款时就需要考虑存款是多好还是少好，当流动性紧张时，应多争取存款，增加银行资金储备，以便发放贷款，增加收益；当流动性宽松时，同时投资渠道较少时，应少争取存款，以减少经营压力。

此时就需要判断流动性，资金总需求大于资金总供给时流动性紧张，资金总需求小于资金总供给时流动性宽松。

（1）资金总需求：本年土地供给总亩数×每亩土地开发投资成本（即900万元土地成本+300万元商品房建安成本）；国债发行量；央票发行量；外部票据贴现；消费贷款比例×当年商品房与别墅总需求。

（2）资金总供给：各银行现有资金+各企业现有资金+新增个人存款。

以第二年个人存款竞标为例。假定：A、B、C三家银行营销费投入都是100万元，D银行营销费分别投入100万~1 000万元，软件模拟得出各银行实际个人存款竞标表和

D 银行营销费变化影响表，如表 5.2 和表 5.3 所示。

表 5.2　个人存款竞标表

项目	第二年个人存款竞标			
商业银行	A	B	C	D
营销费/万元	100	100	100	100
营销费排名	40.0	40.0	40.0	40.0
上年新增企业贷款和消费贷款/万元	33 100	33 100	33 100	33 100
贷款排名	30.0	30.0	30.0	30.0
上年新增个人存款/万元	70 000	70 000	70 000	70 000
个人存款排名	20.0	20.0	20.0	20.0
现有网点数量/个	2	2	2	2
网点数量排名	10.0	10.0	10.0	10.0
现有存款团队/个	2	2	2	2
总得分	100.0	100.0	100.0	100.0
个人存款总额/万元	276 000			
实际个人存款分配/万元	69 000	69 000	69 000	69 000

表 5.3　D 银行营销费变化影响表

营销费/万元	100	200	300	400	500	600	700	800	900	1 000
个人存款分配额/万元	69 000	81 000	86 000	89 000	91 000	92 000	93 000	94 000	94 000	95 000

收入随营销费变化曲线图如图 5.1 所示，可以看出银行个人存款随着营销费的增长而增长，增长速度呈下降趋势。

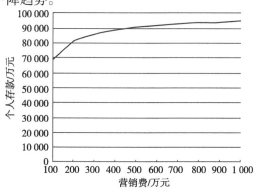

图 5.1　收入随营销费变化曲线图

上述模拟是在其他银行营销费用不变的前提下进行的，若其他银行营销费变动，竞标结果就会相应变动。

5.1.3　贷款定价

商业银行向企业发放贷款时，最大的难点是如何给贷款进行科学、合理的定价。银行沙盘中商业银行进行贷款定价时需要考虑资金成本和房地产公司的承受能力。

1. 贷款定价上限

银行发放贷款的上限需要依据房地产公司的息税前利润率进行调整。

商品房的息税前利润率=（售价−土地成本−建安成本−景观费−营业税）÷售价

问题：请计算别墅的息税前利润率和限价房的息税前利润率。

2. 贷款定价下限

银行发放贷款首先要考虑的是资金成本问题。银行沙盘中包含利息成本和经营成本。利息成本由国家规定的利率决定。经营成本包括揽储的营销费用、柜台和外勤人员的工资、广告宣传费、折旧摊销费用、办公室及为存户提供其他服务的费用等。

$$可用资金成本率 = \frac{经营成本 + \sum 每种资金来源量 \times 利率}{吸收的存款额 + 权益资本 - 法定存款准备金 - 超额准备金} \times 100\%$$

法定存款准备金 = 法定存款准备金率 × 存款总额

超额存款准备金 = 库存现金 + 在中国人民银行的存款 − 法定存款准备金

例如，C 银行第二年存款余额见表 5.4，有 2 个存款团队、2 个贷款团队、2 个网点，当年营销费为 400 万元，存款利息速算表如表 5.4 所示。

表 5.4 存款利息速算表

项目	基准利率	基准利率+1%	基准利率+1.5%	基准利率+2%	基准利率+2.5%	基准利率+3%
存款利率	2.0%	3.0%	3.5%	4.0%	4.5%	5.0%
存款余额/万元	30 000	30 000	20 000	35 000		
利息/万元	600	900	700	1 400		
利息合计/万元	3 600					

计算可用资金成本率：

分子1：经营成本=4 个团队工资 1 200 万元+2 个网点运营费 400 万元+管理费用 1 000 万元+营销费用 400 万元=3 000 万元

分子2：各种资金来源的利息成本=3 600 万元

分母：吸收存款总额 11.5 亿元+权益资本 2.85 亿元−按存款总额 25%计的法定与超额准备金 2.875 亿元=11.475 亿元

$$可用资金成本率 = \frac{3\ 000万元 + 3\ 600万元}{114\ 750万元} \times 100\% = 5.75\%$$

C 银行第二年发放贷款时考虑到可用资金成本率，必然要将贷款利率定价高过 5.75%。

假定 C 银行的预期收益率是 3%，那么该银行可采用贷款利率大于可用资金成本率与银行预期收益率之和的方式进行贷款利率定价。

3. 贷款定价还应考虑其他因素

前面内容部分我们提到了银行沙盘中贷款定价的上限（房地产公司的息税前利润率）和贷款定价的下限（可用资金成本率）。考虑到商业银行收益的问题，将贷款利率进行调整，即可用资金成本率与银行预期收益率之和。

银行在发放贷款的时候还应该考虑其他的因素，如贷款的风险程度、借款人的资信状况及与银行的关系、市场上信贷资金的供求状况及预期的通货膨胀率等。

5.1.4　信贷评估：以房地产企业为例

银行沙盘中针对房地产企业的信贷评估包含了以下 5 个方面：

（1）管理层素质：①高管道德，用历年违约罚金和违规操作罚金表示；②公司治理规范性，根据上年"经营完成速度"排名；③经营风格，用上年销售费用率计算，比率最低者表示经营稳健得 5 分；④政府关系，用上年拿地价格计算，土地价格最低者得 5 分。

（2）市场竞争力：公司的行业地位，用上年品牌效应计算，最高者得 5 分，依次递减 1 分。

（3）公司经营前景：①净利润，来源于损益表，最高者得 5 分；②利润增长额，最高者得 5 分；③经营性现金流量，最高者得 5 分；④经营性现金流量增长额，最高者得 5 分；⑤主营业务收入，最高者得 5 分；⑥主营业务收入增长额，最高者得 5 分。

（4）财务指标：①流动比率，（流动资产合计−国债投资−金融债投资−股票与股权投资）÷负债合计，最高者得 5 分；②速动比率，（现金+银行存款+应收款）÷负债合计，最高者得 5 分；③销售利润率，利润总额÷主营业务收入之和，最高者得 5 分；④总资产利润率，利润总额÷资产总计，最高者得 5 分；⑤净资产负债率，负债合计÷所有者权益，最低者得 5 分；⑥总资产负债率，负债合计÷资产总计，最低者得 5 分。

（5）团队参与：抢答次数，按累计抢答次数最多者得 10 分，依次递减。表 5.5 为第四年商业银行对房地产企业的信贷评估表。

表 5.5　第四年商业银行对房地产企业的信贷评估表

项目		权重	A 企业		B 企业		C 企业		D 企业	
			指标	排名得分	指标	排名得分	指标	排名得分	指标	排名得分
管理层素质	高管道德	5%	0	5.0	0	5.0	0	5.0	0	5.0
	公司治理规范性	10%	10		10		10		10	
	经营风格	5%	0.004 7	0.0	0.002 6	5.0	0.003 4	2.9	0.003 1	3.8
	政府关系	5%	1 000	3.0	1 150	0.0	950	4.0	900	5.0
市场竞争力	公司行业地位	5%	5 500	5.0	5 400	4.9	5 500	5.0	5 500	5.0
公司经营前景	净利润（万元）	5%	−400	0.0	−4 100	0.0	100	5.0	−1 600	0.0
	净利润增长额	5%	−1 200	0.0	−4 900	0.0	−700	0.0	−2 400	0.0
	经营性现金流量（万元）	5%	−4 300	0.0	800	5.0	−15 400	0.0	200	1.3

续表

项目		权重	A 企业		B 企业		C 企业		D 企业	
			指标	排名得分	指标	排名得分	指标	排名得分	指标	排名得分
公司经营前景	经营性现金流量增长额	5%	−23 300	0.0	−18 200	0.0	−34 400	0.0	−18 800	0.0
	主营业务收入（万元）	5%	43 000	3.3	39 000	3.0	58 400	4.5	65 500	5.0
	主营业务收入增长额（万元）	5%	10 000	1.5	6 000	0.9	25 400	3.9	32 500	5.0
偿债能力	流动比率	5%	151.33%	5.0	139.00%	4.6	143.24%	4.7	128.40%	4.2
	速动比率	5%	123.67%	4.4	139.00%	4.9	140.54%	5.0	120.40%	4.3
盈利能力	销售利润率	5%	−0.93%	0.0	−10.51%	0.0	0.17%	5.0	−2.44%	0.0
	总资产利润率	5%	−0.88%	0.0	−9.83%	0.0	0.19%	5.0	−2.49%	0.0
负债水平	净资产负债率	5%	194.81%	5.0	256.41%	3.0	232.70%	3.8	352.11%	0.0
	总资产负债率	5%	66.08%	0.0	71.94%	0.0	69.94%	0.0	77.88%	0.0
信贷综合评级得分			52.2		56.3		73.8		58.6	
信贷综合评级累计得分			147.2		151.3		168.8		153.6	
本年抢答次数与得分		10%	0	10.0	0	10.0	0	10.0	0	10.0
小组成绩			87.0		90.0		100.0		91.0	

5.1.5 不良贷款与风险计提

1. 贷款的五级分类及风险计提

不良贷款管理与风险计提是贷后管理非常重要的环节。现行贷款的五级分类标准如下：

（1）正常贷款。借款人能够履行合同，一直能正常还本付息，不存在任何影响贷款本息及时全额偿还的消极因素，银行对借款人按时足额偿还贷款本息有充分把握，贷款损失的概率为 0。

（2）关注贷款。尽管借款人目前有能力偿还贷款本息，但存在一些可能对偿还产生不利影响的因素，如果这些因素继续下去，借款人的偿还能力将受到影响，贷款损失的概率不会超过 5%。

（3）次级贷款。借款人的还款能力出现明显问题，完全依靠其正常营业收入无法足额偿还贷款本息，需要通过处分资产或对外融资乃至执行抵押担保来还款付息，贷款损失的概率在 30%~50%。

（4）可疑贷款。借款人无法足额偿还贷款本息，即使执行抵押或担保，也肯定要造成一部分损失，只是因为存在借款人重组、兼并、合并、抵押物处理和未决诉讼等待定因素，损失金额的多少还不能确定，贷款损失的概率在 50%~75%。

（5）损失贷款。指借款人已无偿还本息的可能，无论采取什么措施和履行什么程序，贷款都注定要损失，或者虽然能收回极少部分，但其价值也微乎其微，从银行的角度看，也没有意义和必要再将其作为银行资产在账目上保留下来，对于这类贷款在履行了必要的法律程序之后应立即予以注销，其贷款损失的概率在 75%~100%。

银行沙盘中的五级贷款分类标准见表 5.6。

表 5.6　银行沙盘中的五级贷款分类标准

分类	资产负债率	销售利润率
正常贷款	<80%	>0
关注贷款	<80%	≤0
次级贷款	80%~100%	>0
可疑贷款	80%~100%	≥0
损失贷款	>100%	—

注：资产负债率=负债合计÷资产总计（数据来源于资产负债表）；销售利润率=利润总额÷主营业务收入（数据来源于损益表）

针对五级分类进行风险计提的比例：

正常贷款：不得低于年末贷款余额的 1%；

关注贷款：计提比例为 2%；

次级贷款：计提比例为 25%；  专项准备

可疑贷款：计提比例为 50%；

损失贷款：计提比例为 100%。

特种准备由银行根据不同类别（如国别、行业）贷款的特种风险情况、风险损失概率及历史经验，自行确定按季计提比例。

2. 不良贷款检查

检查是否有不良贷款，包括次级贷款、可疑贷款和损失贷款。

表 5.7 是某次比赛时第四年商业银行不良贷款与专项风险损失准备计提表。表中显示 A 银行和 C 银行都存在不良贷款而且金额不小。我们可以看到每一笔贷款都被按照五级分类标准进行了分类，包含关注贷款、正常贷款、可疑贷款，其中 A 银行不良贷款 30 000 万元，C 银行不良贷款 55 100 万元。A 和 C 两家银行同时都存在信用风险，以 A 银行为例分析信用风险。

表 5.7　第四年商业银行不良贷款与专项风险损失准备计提表

四家商业银行	四家房地产企业				银行专项风险损失提取金额/万元	不良贷款金额/万元
	A	B	C	D		
	贷款余额/万元	贷款余额/万元	贷款余额/万元	贷款余额/万元		
A	10 000		20 000		10 200	20 000
B				40 000	0	0
C	5 100		50 000		25 100	50 000
D		20 000		15 000	0	0
贷款分类	关注贷款	正常贷款	可疑贷款	正常贷款		
风险损失提取比例	2%	0	50%	0		

贷款净损失 10 200 万元÷贷款余额 30 000 万元=34%

不良贷款 20 000 万元÷贷款总额 30 000 万元=66.67%

历年净利润总和÷未来可能出现的贷款损失

3. 不良贷款预警

（1）不良贷款预警信号。是事后观察现金流还是事前发现征兆？一是从企业与商业银行关系发现某些信号：透支、展期、还款来源模糊、短债增减过快、贷款需求增加但目的不明确、抵押品价值不充分、借短债还长债、借新债还旧债、从其他机构获得大量抵押贷款等。二是从企业的财务报表中发现预警信号：应收账款激增、拖欠货款、销售增加但收益减少、各项计提异常、投机数额增大等。三是从企业经营状况发现某些信号：企业财务记录混乱、某一大客户订货异常、投机与存货行为、违约纠纷、转换银行或隐瞒债务关系、安全事故等。四是从企业的人事变动中发现某些信号：关键人物变动、独裁专制、员工纠纷、关键人物的行为举止发生异常等。

（2）房地产公司的早期预警信号。一是土地获取行为：联合投标、选对时机、竞争风格；二是对行业风险的预判；三是政府关系；四是合同纠纷；五是项目经营水平与现金流的管理能力。

（3）企业资金链断裂怎么办？找银行贷款、委托贷款、发行企业债、国债转让与提前兑付、借高利贷、贴现、转让企业债或金融债、转卖土地、完工房屋卖给政府等。

（4）问题贷款如何产生。程序为信用调查、现场参观、报表分析、抵押品估价、客户谈判、销售银行其他产品、汇报及审批；商业信贷的关键点：贷款数额、偿还期限、抵押要求。

5.2　贷款需求调查与贷后风险跟踪

本节以房产行业为例，说明银行在贷款营销环节如何分析客户贷款需求，以及在贷后跟踪环节如何通过观察企业经营关键环节（如土地竞标、订单竞标环节）来识别过程风险。在银行沙盘中，房地产企业前三年是处于扩大规模快速增长的重要阶段，资金链的管理显得尤为重要，融资方式及资金的缺口预算便是重中之重。

5.2.1　贷款需求调查

1. 贷款需求

房地产公司贷款需求取决于本年土地开发规模与土地储备战略。

每亩土地开发的资金需求：900 万元土地成本+300 万元商品房建安成本；土地储备资金需求：除正常土地开发之外的储备土地亩数×约 1 000 万元。例如，房地产企业 A 第二年准备开发土地 40 亩，预测后期土地供应能够满足市场需求,故不做土地储备战略。房地产企业 A 第二年的贷款需求就是：每亩土地资金开发需求（900 万元土地成本+300

万元商品房建安成本）×40 亩土地=48 000 万元

2. 资金规划

进行贷款时还需要考虑上年现金余额、归还到期的贷款、广告费等。表 5.8 是房地产公司资金规划表，以房地产公司 A 第二年为例进行资金规划。

表 5.8　房地产公司资金规划表　　　　　单位：万元

序号	项目	第一年	第二年	第三年	第四年	第五年	第六年
1	上年现金余额		1 800				
2	竞标土地支出		36 000				
3	归还到期负债		17 000				
4	支付利息和中间业务费用		3 600				
5	竞标订单广告支出		500				
6	景观与技术设计支出		12 000				
7	建安支出		9 400				
8	信托、国债投资		0				
9	放出委托贷款		0				
10	运营团队支出		2 000				
11	营业税和所得税支出		8 900				
12	支付管理费		1 000				
13	其他支出		600				
14	支出合计		74 500				
15	各资产项到期本金与利息收入		30 000				
16	各产品交付现金收入		77 800				
17	其他收入		0				
18	收入合计		107 800				
19	剩余现金预计		71 100				
20	预计贷款或发行信托金额		36 000				

第一步：确定房地产公司的期初状态、自有资金实力：现金 1 800 万元、银行存款 30 000 万元、产成品 1 000 万元、银行贷款 17 000 万元。

决策表第 1 项——1 800 万元

第二步：关注中国人民银行及银保监会颁布的宏观政策，第一年预计供地规模 160 亩、首付比例 30%不变、营业税率 10%不变，共有 4 家企业。

土地竞标决策分析：①供地总规模 160 亩，4 家企业平均每家 40 亩；②经过上年运营所有企业的运营资质都是二级，开发土地规模上限是 40 亩地；③预计以后年度政府供地规模还会扩大，且企业本身处于发展初期，资金实力不够雄厚，故不做土地储备战略，预期报价为最低价 900 万元/亩。

决策表第 2 项——36 000 万元

第三步：归还到期负债，初始状态 7 000 万元 2 年期贷款，第一年 10 000 万元 1 年期贷款均到期。

决策表第 3 项——17 000 万元

第四步：建房规划，依据第一年订单竞标结果发现别墅价格高但订单量少。故第二年预计用 30 亩地开发商品房，10 亩地开发别墅。

决策表第 7 项——建安支出（30 亩×280 万元+10 亩×100 万元）=9 400 万元

第五步：订单竞标，预计投入 500 万元广告费，商品房报价 180 万元，景观设计费 300 万元/亩；别墅报价 700 万元，景观设计费 300 万元/亩。

决策表第 5 项——竞标订单广告支出 500 万元

决策表第 6 项——景观与技术设计支出（40 亩×300 万元）=12 000 万元

第六步：银行存款提前支取。银行存款 30 000 万元提前支取支付违约金 600 万元，利率 2%；办理银行贷款利率 8%左右。显然，提前支取存款更为划算。

决策表第 13 项——其他支出 600 万元

决策表第 15 项——各资产项到期本金与利息收入 30 000 万元

第七步：融资贷款总额确定。融资方式：银行贷款、委托贷款、发行信托产品。第二期所有企业都处于发展状态，资金相对都比较紧缺，故选择银行贷款。

资金缺口=销售收入之前的现金支出（竞标土地支出 36 000 万元+归还到期负债 17 000 万元+建安支出 9 400 万元+广告费 500 万元+提前支取存款违约金 600 万元–剩余现金（期初现金余额 1 800 万元+提前支取存款 30 000 万元）=31 700 万元

银行贷款利率及中间业务费预计 10%

银行贷款金额=资金缺口 31 700 万元÷（1–10%）=35 222.22 万元

为确保资金的充足，贷款 36 000 万元

决策表第 20 项——预计贷款或发行信托金额 36 000 万元

决策表第 4 项——支付利息和中间业务费用（36 000 万元×10%）=3 600 万元

第八步：交货。预计所有商品房和别墅都可以卖出。

销售收入=180 万元×（1+溢价 12%）×300 套商品房+700 万元×（1+溢价 12%）×22 套别墅=77 728 万元，取整为 77 800 万元

其中，消费贷款额度为 54 500 万元，假定全部办理了消费贷款，支付额度占用费 2%即 1 090 万元，取整为 1 100 万元

营业税=77 800 万元×10%=7 780 万元，取整为 7 800 万元

决策表第 16 项——各产品交付现金收入 77 800 万元

更正决策表第 4 项——支付利息和中间业务费用（3 600 万元+1 100 万元）=4 700 万元

第九步：支付运营团队工资及奖金 2 000 万元，支付管理费用 1 000 万元。

决策表第 10 项——2 000 万元

决策表第 12 项——1 000 万元

第十步：第三年企业规划继续扩大规模，故不做投资。

决策表第 8 项——0 万元

决策表第 9 项——0 万元

第十一步：所得税计算。

所得税=利润总额(销售收入 77 800 万元–土地成本 36 000 万元–建安支出 9 400 万元–景观设计费 12 000 万元–管理费用 1 000 万元–运营团队工资及奖金 2 000 万元–广告支出 500 万元–支付利息和中间业务费用 4 700 万元–营业税 7 800 万元）×25%=1 100 万元

决策表第 11 项——营业税支出 7 800 万元+所得税支出 1 100 万元=8 900 万元

第十二步：支出合计。

土地成本 36 000 万元+建安支出 9 400 万元+景观设计费 12 000 万元+管理费用 1 000 万元+运营团队工资及奖金 2 000 万元+广告支出 500 万元+支付利息和中间业务费用 4 700 万元+营业税 7 800 万元+所得税 1 100 万元=74 500 万元

决策表第 14 项——支出合计 74 500 万元

第十三步：剩余现金

决策表第 17 项——其他收入 0 万元

决策表第 18 项——收入合计（销售收入 77 800 万元+提前支取的存款 30 000 万元）107 800 万元

决策表第 19 项——剩余现金预计（收入合计 107 800 万元+期初现金 1 800 万元+贷款 36 000 万元–支出合计 74 500 万元）71 100 万元

5.2.2 土地竞标的经营风险

土地竞标是房地产企业经营非常重要的一个环节，政府规定土地最低价 900 万元/亩，各企业以 50 万元/亩为一个报价单位，为避免恶性竞争，最高限价为 1 300 万元/亩。采取拍卖制供地，企业购买土地总金额不得超过盘面现有资金，单价高者优先拿地，单价相同时，按交投标单顺序优先拿地。在进行土地竞标的时候需要考虑的因素众多，包括土地供给与需求状况、企业自身的发展规划、其他企业报价竞标的影响等。

1. 土地供给需求状况

土地供给总量为

各公司库存土地+本年新增土地量

土地需求总量为

商品房总订单÷10+别墅总订单÷2

以第二年为例，土地供给总量为

各公司库存土地 0 亩+本年新增土地量 160 亩=160 亩

土地需求总量为

商品房总订单 1 010 亩/10+别墅总订单 54 亩/2=128 亩

由此可以看出第二年预计土地供给大于需求，是需求方市场。此时房地产企业可以不用通过提高价格获得土地。

2. 企业自身的发展规划

企业自身是否有储备土地的发展战略也是很重要的因素。通过对订单市场状况的判断发现后期订单量的增长速度小于土地的增长速度，故决定不储备土地。

考虑到房地产企业营利的目的，在进行土地竞标报价时需要考虑土地报价的上限。

例如，假定商品房报价是 180 万元，毛利率约为售价 180 万元–土地成本 X 万元/亩–建安成本 30 万元–景观投入 10 万元–营业税 18 万元。如果希望保持 15%（即 27 万元）的毛利率，则土地成本至多应为 95 万元/亩。

考虑到企业自身资质等级为二级，开发土地上限是 40 亩，预计 40 亩土地可能会有库存，所以暂不考虑多买地。

3. 其他企业报价竞争的影响

各企业现有资金总量和新增贷款总量的比较，第二年初所有的房地产企业状态是一样的，现有的资金总量为 1 800 万元，可提前支取的存款有 30 000 万元，新增贷款总量预计不确定。按照上一节贷款需求中计算的新增贷款要达到 36 000 万元才能够购买并开发 40 亩地。可见各企业实力相当，基本除能够开发的 40 亩地以外没有能力囤积土地。土地竞标时可以暂时不考虑其他企业竞争导致土地减少的情况。

表 5.9 是第二年各房地产企业进行土地竞标时的报价、竞标数量及竞标结果。

表 5.9　第二年房地产企业土地竞标表

房地产企业	A	B	C	D	年度合计
本年计划供地/亩	160				160
各企业获得土地/亩	28	20	30	40	118
各企业应付土地款/万元	28 000	23 000	28 500	36 000	115 500
土地竞标单价/万元	1 000	1 150	950	900	
土地竞标数量/亩	28	20	30	40	
土地竞标均价/万元	979				
政府供地总量/亩	118				

我们可以看出第二年竞标以后还剩余土地 42 亩，但仍有企业以 1 150 万元/亩的高价进行竞标，由此可见 A、B、C 三家房地产企业都没有做出精准的预测与竞标。

5.2.3　订单竞标的经营风险

订单竞标也就是房地产企业进行营销的过程，房地产企业营销包含了环境分析、机会分析、产品分析、战略及行动方案制订、营销策略选择、营销成本分析、行动方案制订等多个环节。在本沙盘中房屋的种类比较单一，只有商品房和别墅两种产品，同类房屋之间也没有定位的区别，消费者是由软件扮演的，会影响订单的因素就只有广告费、报价、景观设计费和房地产企业团队能力。

1. 广告费决策

广告费的投入可以提高企业及产品的知名度，为企业带来大量的客户。但是广告费到底应该投入多少，是不是越多越好，现实生活中，我们可以看到房地产企业的广告充斥在我们身边，有报纸、杂志、网络电视媒体、售楼处、房展会、外地推广、户外灯箱、户外广告牌、样板房、路旗、楼书等方式，费用花销成千上万。房地产行业广告费主要属于销售部门的销售费用，一般扣除比例为销售费用的 1%~2%。

在银行沙盘中广告费的投入会影响订单量，但是也需要明确具体投入多少合适。事实上通过研究发现广告费占比应小于毛利率，换言之，广告费用带来的销售收入应超过同期产品利润率。

例如，第一年商品房利润率是 10%，如果商品房广告投入 1 000 万元，带来的税后收入增加超过 10 000 万元，则是明智的，否则，会降低同期产品利润率。表 5.10 为房地产企业订单竞标表（一）。

表 5.10　房地产企业订单竞标表（一）

房地产企业	A	B	C	D
商品房报价/（万元/套）	190	190	190	190
别墅报价/（万元/套）	750	750	750	750
广告费/万元	100	100	100	1 000
品牌效应	4 100	4 100	4 100	5 000
实际商品房订单/套	150	150	150	180
实际别墅订单/套	8	8	8	10
团队个数/个	2	2	2	2
每亩商品房景观投入/万元	100	100	100	100
商品房景观投入获得的溢价比例	0	0	0	0
每亩别墅景观投入/万元	100	100	100	100
别墅景观投入获得的溢价比例	0	0	0	0

（1）广告投入为 100 万元时。

息税前利润=（收入 190 万元-土地 90 万元-建安费 30 万元-景观设计费 10 万元-营业税 19 万元）×150 套+（收入 750 万元-土地 450 万元-建安费 50 万元-景观设计费 50 万元-营业税 75 万元）×8 套-广告费 100 万元-管理费用 3 000 万元=4 050 万元

息税前利润率=利润 4 050 万元÷收入 34 500 万元=11.739 1%

数据分析：D 公司广告费比其他公司多投入 900 万元。

（2）广告投入为 1 000 万元时。

息税前利润=（收入 190 万元-土地 90 万元-建安费 30 万元-景观设计费 10 万元-营业税 19 万元）×180 套+（收入 750 万元-土地 450 万元-建安费 50 万元-景观设计费 50

万元–营业税 75 万元）×10 套–广告费 1 000 万元–管理费用 3 000 万元=4 630 万元

息税前利润率=利润 4 630 万元÷收入 41 700 万元=11.103 1%

D 公司比其他公司多投入 900 万的广告费，多获得 30 套商品房订单和 2 套别墅订单，反而息税前利润率降低了 0.636%，是什么原因导致的？

以第一年竞标数据为例，假定四家房地产公司商品房报价都是 190 万元/套，别墅报价都是 750 万元/套，景观设计费都是 100 万元/亩，广告费 A、B、C 三家都为 100 万元不变，竞标获得的订单都可以完全交付。表 5.11 为 D 公司广告费变化影响表。

表 5.11　D 公司广告费变化影响表

广告费/万元	0	500	1 000	1 500	2 000	2 500	3 000	3 500	4 000	4 500
销售收入/万元	34 500	38 300	41 700	45 500	47 400	49 300	52 700	54 600	56 500	58 400
息税前利润/万元	4 150	4 470	4 630	4 950	4 860	4 770	4 930	4 840	4 750	4 660
息税前利润率	12.03%	11.67%	11.10%	10.88%	10.25%	9.68%	9.35%	8.86%	8.41%	7.98%

图 5.2 显示了销售收入随着广告费增加的变化趋势。从图中可以看出广告费投入越多销售收入越多，但并不是每多投入一笔广告费都会有相应的销售收入的增长。

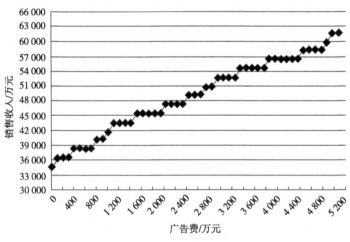

图 5.2　销售收入随广告费变化曲线图

图 5.3 显示了息税前利润随着广告费增加的变化趋势。从图中可以看出增加广告费的投入息税前利润并不一定都是增长的，还会降低。这就意味着广告费增加对订单量的影响是有极值的。

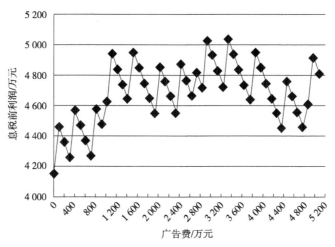

图 5.3　息税前利润随广告费变化曲线图

图 5.4 显示了随着广告费的增加息税前利润率的变化趋势。

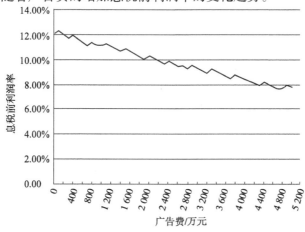

图 5.4　息税前利润率随广告费变化曲线图

由图 5.4 可以看出息税前利润率一定程度上随着广告费的增加而降低,息税前利润率最高时广告费投入为 100 万元,表明多投入的广告费降低了产品利润率。但是,这仅限于其他房地产公司的广告费一直是 100 万元不变。实际上各企业都是理性决策人,为了防止其他企业广告费高出自己企业而导致订单量骤减,收入减少,利润降低,企业都会将自己的广告费提到行业平均水平上下。

2. 报价决策

以第一年竞标数据为例,假定四家房地产公司别墅报价都是 750 万元/套,景观设计费都是 100 万元/亩,广告费都是 100 万元不变,商品房报价 A、B、C 三家都是 190 万元,竞标获得的订单都可以完全交付。表 5.12 显示了 D 公司商品房不同报价(150 万~200万元)获得的不同收入、息税前利润、息税前利润率。

表 5.12   商品房报价变化影响表

商品房报价/(万元/套)	150	160	170	180	190	200
收入/万元	97 500	73 200	57 000	43 800	36 400	30 000
息税前利润/万元	950	3 780	4 800	4 620	4 460	3 900
息税前利润率	0.97%	5.16%	8.42%	10.54%	12.25%	13.00%

图 5.5 显示，房地产公司商品房报价越高订单越少，收入越低。

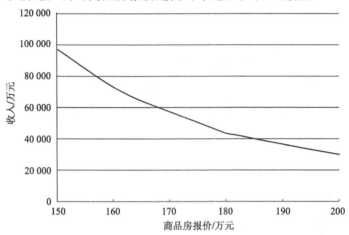

图 5.5   收入随商品房报价变化曲线图

图 5.6 显示，随着商品房报价的提高，息税前利润先增长后下降。

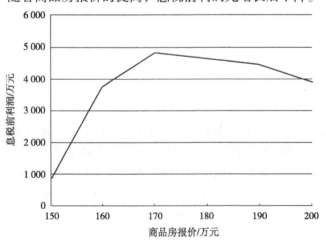

图 5.6   息税前利润随商品房报价变化曲线图

图 5.7 显示，随着商品房报价的提高，息税前利润率呈增长状态，但是后期增长趋势有所减缓。

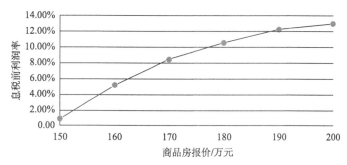

图 5.7　息税前利润率随商品房报价变化曲线图

3. 景观费决策

考虑景观投资，每套商品房每增加 5 万元景观投资，可以带来 6 万元的额外销售收入（售价 200 万元×3%=6 万元），但如果扣除了 10%的营业税，结果如何？

每套别墅每增加 25 万元景观投资，可以带来 27 万元的额外销售收入（售价 900 万元×3%=27 万元），扣除 10%的营业税，是亏本的。但每亩 50 万元的景观投资同时带来 3%销量增长，结果如何？

表 5.13 为房地产企业订单竞标表（二）。

表 5.13　房地产企业订单竞标表（二）

房地产企业	A	B	C	D
商品房报价/（万元/套）	200	190	190	180
别墅报价/（万元/套）	800	800	800	700
广告费/万元	200	100	200	200
品牌效应	5 500	5 400	5 500	5 500
实际商品房订单/套	170	230	250	360
实际别墅订单/套	10	10	10	24
团队个数/个	2	2	2	2
每亩商品房景观投入/万元	150	100	200	200
商品房景观投入获得的溢价比例	3	0	6	6
每亩别墅景观投入/万元	100	100	100	200
别墅景观投入获得的溢价比例	0	0	0	6

以第一年竞标数据为例，假定四家房地产公司商品房报价都是 190 万元/套，景观设计费 A、B、C 三家都是 100 万元/亩；别墅报价都是 750 万元/套，景观设计费都是 100 万元/亩，广告费都是 100 万元，竞标获得的订单都可以完全交付。表 5.14 显示了 D 公司商品房景观设计费分别报价 100 万~400 万元获得的不同收入、息税前利润、息税前利润率，图 5.8~图 5.10 是随着商品房景观设计费的增加，收入、息税前利润、息税前利润率的变化趋势。

表 5.14　商品房景观设计费投入变化影响表

景观设计费/（万元/亩）	100	150	200	250	300	350	400
收入/万元	36 400	37 312	40 238	41 207	44 304	45 330	48 598
息税前利润/万元	4 460	4 480.8	4 914.2	4 936.3	5 373.6	5 397	5 838.2
息税前利润率	12.25%	12.01%	12.21%	11.98%	12.13%	11.91%	12.01%

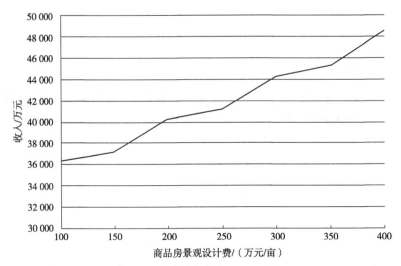

图 5.8　收入随商品房景观设计费变化曲线图

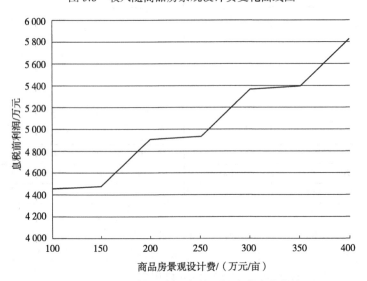

图 5.9　息税前利润随商品房景观设计费变化曲线图

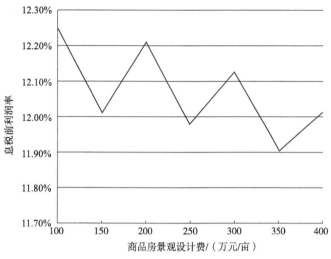

图 5.10　息税前利润率随商品房景观设计费变化曲线图

图 5.8 显示，商品房景观设计费越高收入越高，但收入的增长幅度有变化，当订单量增加时，收入增长幅度比较大。图 5.9 显示，商品房景观设计费越高息税前利润越高，中间有几个涨幅较大的增长点，这几个增长点恰好就是订单量的增长点。图 5.10 显示，商品房景观设计费越高成本越高，息税前利润率整体下降但中间又有涨幅，增长的点恰好是订单量的增长点。

以第一年竞标数据为例，假定四家房地产公司商品房报价都是 190 万元/套，景观设计费都是 100 万元/亩；别墅报价都是 750 万元/套，景观设计费 A、B、C 三家都是 100 万元/亩，广告费都是 100 万元，竞标获得的订单都可以完全交付。表 5.15 显示了 D 公司别墅景观设计费分别报价 100 万~400 万元获得的不同收入、息税前利润、息税前利润率，图 5.11~图 5.13 是随着别墅景观设计费的增加，收入、息税前利润、息税前利润率的变化趋势图。

表 5.15　别墅景观设计费投入变化影响表

景观设计费/（万元/亩）	100	150	200	250	300	350	400
收入/万元	36 400	36 580	36 760	38 575	37 120	37 300	37 480
息税前利润/万元	4 460	4 422	4 384	4 567.5	4 308	4 270	4 232
息税前利润率	12.25%	12.09%	11.93%	11.84%	11.61%	11.45%	11.29%

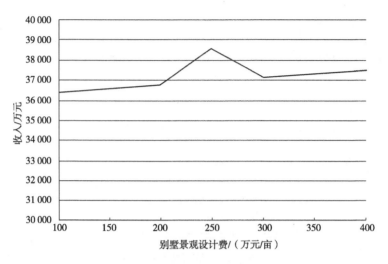

图 5.11　收入随别墅景观设计费变化曲线图

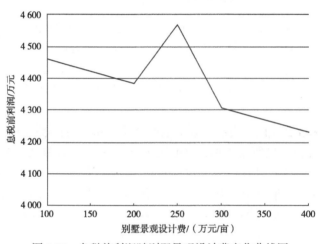

图 5.12　息税前利润随别墅景观设计费变化曲线图

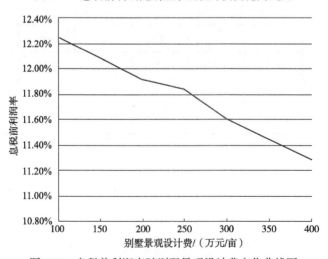

图 5.13　息税前利润率随别墅景观设计费变化曲线图

图 5.11 显示，随着别墅景观设计费的增长收入整体缓慢增长，但是在增长过程中又存在变动。图 5.12 显示，随着别墅景观设计费的增长息税前利润整体缓慢下降，但是在下降过程中又存在变动。图 5.13 显示，随着别墅景观设计费的增长息税前利润率呈下降趋势，中间有一段下降速度减缓。

5.3　商业银行经营业绩分析

5.3.1　商业银行净利润分析

反映商业银行经营业绩的指标主要有净利润、资产收益率、净资产收益率、营业利润率、银行净利差率、非利息净收入率、银行利润率等营利性指标。实验中 A、B、C、D 四家商业银行运营团队进行了为期四年的运作，选取这四家商业银行的基础性盈利指标净利润进行分析，并对影响净利润的几个主要因素进行对比分析。

图 5.14 显示了 A、B、C、D 四家商业银行连续四年的净利润水平。其中，B 银行的经营状况波动起伏大，并且呈下滑趋势，最终排名最后，D 银行稳健经营，利润稳中有升，A 银行和 C 银行第二年净利润有所下降，估计是经验不足，之后总结了经验教训，经营策略有所调整，第三年利润开始迅速上升，而 C 银行净利润增长最快。四家银行比较，C 银行经营业绩最好，A、D 银行居中，B 银行最差。

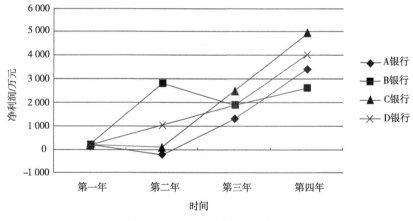

图 5.14　各商业银行净利润比较

进一步分析各商业银行经营业绩差异的原因，着重从影响净利润的主要因素——利息收入、理财与投资收益、管理费用、利息支出、宏观调控政策等几方面进行对比分析。

5.3.2　利息收入

利息收入是商业银行主要的收入来源，属于表内业务收入，主要包括：发放贷款利息、费用收入，证券投资利息收入及其他利息收入。

图 5.15 显示，四家银行的利息收入在四年里基本都保持增长趋势。其中 C 银行和 B 银行利息收入水平较高，尤其是 C 银行能在四年里保持较高的增长率，而 B 银行的增幅则呈逐年递减的趋势，第三年后已落后于 C 银行。A、D 两家银行的利息收入相对较少，其中 A 银行的增长也较缓慢，在第四年有所改善，增长率略高于 D 银行，利息收入最终在第四年赶上 D 银行的水平，但仍然与 B、C 银行有较大差距。

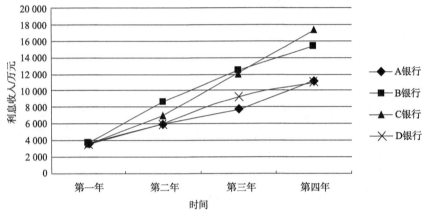

图 5.15　各商业银行利息收入比较

5.3.3　表外业务收入

商业银行的表外业务是指商业银行从事的，按通行的会计准则不列入资产负债表内，不影响资产负债总额，但能影响银行当期损益的，改变银行资产报酬率的经营活动。狭义的表外业务指那些未列入资产负债表，但同表内资产负债业务关系密切，并在一定条件下会转为表内业务的活动，主要包括：担保、承兑、贷款承诺、贷款出售、票据发行便利、备用信用证、各类衍生金融交易等。广义的表外业务除了上述狭义的表外业务之外，还包括结算、代理、信托、咨询、信用卡等无风险的经营活动。商业银行通过表外业务开拓了新的收入来源，削弱了利息收入波动带来的不利影响，提高了商业银行的营利能力。

理财与投资收益属于商业银行的表外业务。图 5.16 显示了四家商业银行的理财与投资收益情况，各银行从第三年开始出现了分化，其中 C、D 银行第三年缓慢上升，第四年快速上升，而 D 银行两项收入最高。A 银行第三年与上年持平，第四年快速上升，B 银行第三年下降，第四年才缓慢上升。

5.3.4　非利息支出

非利息支出是商业银行间接费用的主要部分。主要包括：薪金与福利支出、各种资产使用费、业务费用、广告费用等。管理费用也属于商业银行非利息支出的范畴。

管理费用与商业银行的经营规模、内部管理模式的改进有很大关联，因此，商业银行的经营管理应该有一个远期规划，规模不宜过大，以免成本过多、净利润受损；也不

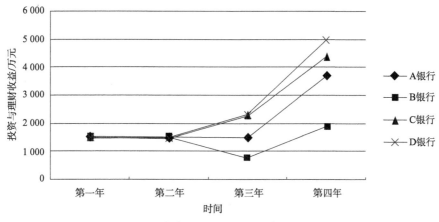

图 5.16　各商业银行理财与投资收益比较

宜只顾眼前，使得商业银行在面对市场竞争日益激烈的外部环境时，适应挑战及应变能力不足，影响商业银行的生存发展。

　　图 5.17 显示了四家商业银行的管理费用水平及其变化趋势。A 银行四年里的管理费用基本保持稳定不变；D 银行在第三年有所增加，第四年则显著下降；B 银行第三年增加，第四年略有下降；C 银行第二年增加较大，而后控制支出，逐年下降。

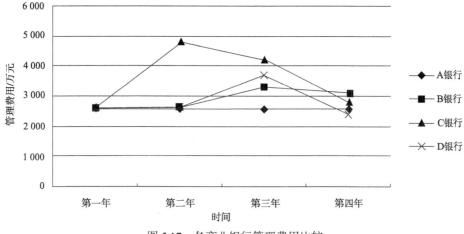

图 5.17　各商业银行管理费用比较

5.3.5　宏观调控政策对商业银行经营业绩的影响

　　宏观政策的调控也会对商业银行的经营管理效果产生影响。例如，中国人民银行的存款准备金率提高，会直接导致商业银行的可流动资金减少，继而影响商业银行的获利能力；存贷款利率的高低，会影响商业银行对存款的吸收和放贷业务的规模，而放贷是商业银行表内业务的收入来源；政策对表外业务的支持度，也会影响商业银行表外业务的开拓，能较好地开展表外业务，也是商业银行收入的一大主要来源。此外，金融市场的完善与否，对商业银行表外业务的风险规避也有影响。所以，商业银行表外业务需要相关政策法规的完善给予支持，才能既有利于商业银行的创收又有效监控防范表外业务的风险。

图 5.18 显示，前三年的宏观政策较稳定，第四年存款利率和存款准备金率都上升，表明货币政策从紧，一方面商业银行的资金成本上升，另一方面贷款规模压缩，全社会资金面趋于紧张。而商品房的首付比例下降，刺激消费者增加商品房的购买，政府的土地供应规模继续增加，房地产公司会更多买地投入商品房开发，两方面都会增加资金的需求。在贷款利率不变的情况下，存款利率上升会缩小商业银行的存贷利差，商业银行要提高经营效益，一方面可以通过增大存贷款规模来增加利息收入，另一方面可以通过开拓表外业务增加非利息收入。C 银行在两方面都做得很成功，同时加大了成本费用控制力度，因此利润持续增长，且第三、第四年均排名第一。而 B 银行虽然利息收入一直处于较高水平，但表外业务发展不理想，成本费用也较高，因此净利润增长最慢，到第四年排名最后。

宏观政策与外部环境						
	第一年	第二年	第三年	第四年	第五年	第六年
存款利率	2.0%	2.0%	#DIV/0!	#DIV/0!	#DIV/0!	#DIV/0!
贷款利率	8.0%	8.0%	#DIV/0!	#DIV/0!	#DIV/0!	#DIV/0!
再贷款率	5.0%	5.0%	#DIV/0!	#DIV/0!	#DIV/0!	#DIV/0!
存款准备金率	15.0%	15.0%	#DIV/0!	#DIV/0!	#DIV/0!	#DIV/0!
央票发行规模（万）	0	0	0	#DIV/0!	#DIV/0!	#DIV/0!
国债发行规模（万）						
商品房和别墅调整后首付比例	30.0%	30.0%	#DIV/0!	#DIV/0!	#DIV/0!	#DIV/0!
本年预计供地规模（亩）	0	120	#DIV/0!	#DIV/0!	#DIV/0!	#DIV/0!
外部票据贴现（万元）	0	0	0	0	0	0
预计新增个人存款（万元）	160000	339000	#DIV/0!	#DIV/0!	#DIV/0!	#DIV/0!
房地产公司增值税率	11%	11%	11%	11%	11%	11%
城建工程订单（个/类）				1	1	

图 5.18   宏观政策外部环境

5.4   房地产公司经营业绩分析

5.4.1   房地产公司的净利润分析

反映房地产公司经营业绩的指标主要有净利润、资产收益率、净资产收益率、营业利润率等营利性指标。实验中选取了 A、B、C、D 四家房地产公司的运营团队进行了为期四年的运作，对这四家房地产公司的基础营利性指标净利润进行分析，并对影响净利润的几个主要因素进行对比分析。

在四家房地产公司净利润中，D 公司净利润一直保持最高水平，排名第一，A 公司净利润最低，且增长缓慢，排名最后。四家房地产公司的净利润比较图见图 5.19。

从影响房地产公司利润的因素来看，主营业务收入、景观设计费用及营销费用是主要影响因素，因此着重分析这三个因素。选择净利润最多的 D 公司和净利润最少的 A 公司进行对比分析。

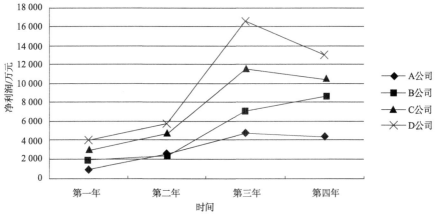

图 5.19　房地产公司净利润比较

5.4.2　主营业务收入

房地产公司的主营业务收入指商品房销售收入，它由商品房销售量和售价两个因素决定，而这两个因素又互相影响，商品房价格越低，销售量就会越多，反之亦然。商品房售价主要取决于房地产公司的品牌效应，而品牌效应又与商品房的景观设计密切相关，景观设计费投入越多，房地产公司的品牌效应就越大，商品房的售价也就越高。

房地产公司主营业务收入见图 5.20。图 5.20 中的主营业务收入曲线与图 5.21 中的景观设计费曲线走势极为相似，D 公司投入了较高的景观设计费用，虽然提高了 D 公司的经营成本，但是也提高了其楼盘品质，成为商品房的重要卖点，在商品房价格提高的情况下仍然具有较高的销售量，因此 D 公司的主营业务收入仍然高于 A 公司。

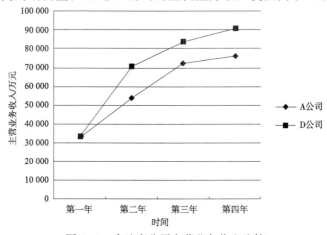

图 5.20　房地产公司主营业务收入比较

5.4.3　成本费用

在四家房地产公司的费用构成中，景观设计费和营销费用占最大比重，因此将这两

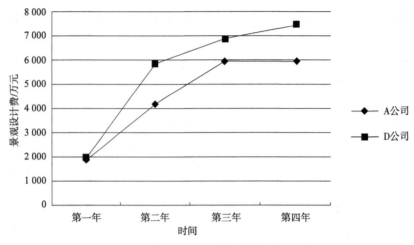

图 5.21　各房地产公司景观设计费用比较

种费用结合起来进行分析。景观设计费用的投入，能提高商品房本身的品质和售价，而营销费用的投入能增加商品房销售量。

图 5.20 显示出 D 公司较高的景观设计费用提升了市场消费者的认可度，使得商品房定价较高，带来了较高的销售收入。而图 5.22 显示，A 公司投入了较多的营销费用，没能有效提升商品房销售量，由于其楼盘品质不如 D 公司，在其商品房售价远低于 D 公司的情况下，A 公司营业收入低于 D 公司。

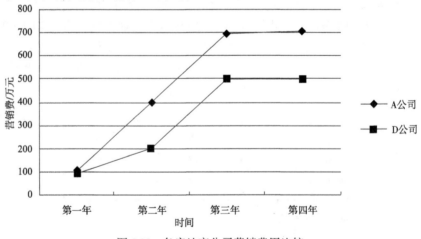

图 5.22　各房地产公司营销费用比较

最终，虽然 A、D 房地产公司的营销费用都呈逐年增长趋势，但 D 公司的营销费用远低于 A 公司，因此 D 公司的利润远超 A 公司。

D 公司与其他公司的区是在景观设计上舍得投入，能够较合理地分配各种费用，使得总费用控制较好，并且景观设计投入加大带来的主营业务增长效果优于对较低价格的商品房营销投入加大所带来的主营业务的增长。最终，D 公司的净利润好，而 A 公司的差。

第6章

实战案例分析

6.1 案例1：××实业有限公司贷前调查实例

　　××实业有限公司是一家有多年生产经验的国有企业，在 A 银行有 620 万元短期贷款，2003 年 4 月到期。为了扩大生产规模，该公司现又向 A 银行申请三年期 800 万元贷款，用以增加新的生产线，并按要求提供了各项资料。A 银行信贷员通过初步调查了解的情况如下。

　　（1）该公司 2008 年以前经营亏损，2008 年积极开发新产品，并深受市场欢迎，2008 年底已经扭亏为盈，次年 6 月底实现净利润 90 万元。如果新的生产线建成投产，年税前利润有望达到 600 万元。

　　（2）该公司除了在 A 银行借款外，其他借款情况如下：

　　中国工商银行（以下简称工行）：1 600 万元，2002 年 12 月到期；

　　中国建设银行（以下简称建行）：1 800 万元，2003 年 2 月到期；

　　中国农业银行（以下简称农行）：932 万元，2003 年 5 月到期。

　　其中工行、建行的贷款，是在市政府的直接干预下发放，用于设备更新，实际是"流贷搞固贷"，贷款均由省总公司担保。银行不准备将其转为固定资产贷款，也没有短期内收回的计划。

　　（3）该公司以位于厂区内的 2 号、3 号厂房，4 号宿舍楼和办公楼，共 9 000 平方米作为贷款抵押物。

　　根据以上情况，确定是否同意该笔贷款申请，并提出书面报告。表 6.1 和表 6.2 分别为××实业有限公司损益表和××实业有限公司资产负债表。

表 6.1   ××实业有限公司损益表

2009 年 6 月 30 日   单位：万元

项目	金额
产品销售收入（净额）	4 065
减：销售成本	3 670
产品销售利润	395
加：其他业务利润	10
减：管理费用	120
财务费用	150
营业利润	135
减：所得税	45
税后利润	90

表 6.2   ××实业有限公司资产负债表

2009 年 6 月 30 日   单位：万元

资产	年初	期末	负债	年初	期末
流动资产：			流动负债：		
现金	32	175	短期贷款	1 487	4 952
存货	2 424	2 186	应付账款	1 707	475
应收账款	1 153	2 613	应付票据	119	365
应收票据			应付工资	54	92
减：坏账准备	35	35	应付费用	362	207
其他应收款	269	2 341	应付税金	1	76
预付费用	298	248	其他应付款	320	616
其他流动资产		（11）			
流动资产合计	4 141	7 517	流动负债合计	4 050	6 783
长期资产：			长期负债：		
固定资产	1 456	1 526	长期借款		
减：累计折旧	234	447	长期负债合计		
固定资产净值	1 222	1 079	负债合计	4 050	6 783
在建工程	504	513	所有者权益：		
递延资产	67	55	实收资本	2 463	2 645
			公积金	216	303
无形资产	170	153	未分配利润	（625）	（414）
长期资产合计	1 963	1 800	所有者权益合计	2 054	2 534
资产合计	6 104	9 317	负债及所有者权益合计	6 104	9 317

注：带括号表示为负值

思考问题：

（1）根据资料，计算该公司的现金流量，并进行财务比率分析。

（2）根据对该公司的分析，确定是否同意该笔贷款申请，并提出书面报告。

案例分析：

1. 信用等级评定

工业企业信用等级评定基础数据表、信用等级评定标准和信用等级评定分表分别见表 6.3~表 6.5。

表 6.3　工业企业信用等级评定基础数据表　　　　单位：万元

项目名称	数据	项目名称	数据
年度销售收入	8 130	应收账款平均余额	1 883
年度利润总额	402	年末贷款余额	4 952
年度资产总额	9 317	逾期贷款余额	
待处理财产损失		呆滞贷款余额	
年末负债总额	6 783	呆账贷款余额	
年末流动负债总额	6 783	应收利息	148.56
年末流动资产总额	7 517	实收利息	148.56
年末所有者权益	2 534	流动资产平均余额	5 829
年初所有者权益	2 054	全部资产平均余额	7 710

表 6.4　工业企业信用等级评定标准

	各等级必须符合的条件和标准					
评分分值	年度销售收入/万元	年末资产总额/万元	年度利润/万元	不良贷款占用率	资产负债率	利息偿付率
≥90	≥1 500	≥500	≥50	0	≤70	100%
≥90	≥800	≥300	≥20	0		100%
≥80						100%
≥60						
≥60						

表 6.5　工业企业信用等级评定分表

项目（分值）	计算公式	评分标准	计算结果	得分/分
资产负债率（15分）	期末负债总额÷期末有效资产总额×100%	$X \leq 50\%$ 得满分 $X \geq 100\%$ 不得分 区间应得分=（100%−X）÷50%×15	X=6 783÷9 317 =72.8%	8.16
不良贷款占用率（15分）	期末不良贷款余额÷期末贷款余额×100%	X=0 得满分 $X \geq 20\%$ 不得分 区间得分=（20%−X）÷20%×15	X=0	15
流动比率（5分）	期末流动资产总额÷期末流动负债总额×100%	$X \geq 150\%$ 得满分 $X \leq 100\%$ 不得分 区间得分=（X−100%）÷50%×5	X=7 517÷6 783 =110.8%	1.08
流动资金周转率（10分）	流动资产平均余额÷年度销售收入×360 天	$X \leq 120$ 天得满分 $X \geq 360$ 天不得分 区间得分=（360−X）÷240×10	X=5 829÷8 130×360=258 天	4.25
应收账款占用率（10分）	应收账款平均余额÷年度销售收入×100%	$X \leq 10\%$ 得满分 $X \geq 50\%$ 不得分 区间得分=（50%−X）÷40%×10	X=1 883÷8 130 =23.2%	6.7

续表

项目（分值）	计算公式	评分标准	计算结果	得分/分
全部资产利润率（10分）	年度利润总额÷全部资产平均余额×100%	$X \geqslant 5\%$得满分 $X \leqslant 0$不得分 区间得分$=X÷5\%×10$	$X=402÷7\ 710$ $=5.2\%$	10
贷款利息偿付率（20分）	实付贷款利息÷应付贷款利息×100%	$X=100\%$得满分 $X \leqslant 90\%$不得分 区间得分$=(X-90\%)÷10\%×20$	$X=148.56÷148.56$ $=100\%$	20
资本增长率（10分）	（期末所有者权益-期初所有者权益）÷期初所有者权益×100%	$X \geqslant 60\%$得满分， $X \leqslant 0$不得分 区间得分$=X÷5\%×10$	$X=480÷2\ 054$ $=23.4\%$	10
经营管理能力（2分）				2
财务管理能力（1分）		视平常掌握的情况打分		1
信誉状况（2分）				2
利润总额（5分）		利润每增加100万元，加1分，最高为5分	5	5
合计（105分）				85.19

结论：经过计算，该公司的信用等级综合得分为85.19分。对照标准，该公司信用等级为A级。

2. 计算现金流量

1）现金流量的具体内容

（1）经营活动的现金流量。

现金流入：销货现金流入、利息与股息的现金收入、增值税销项税款和出口退税、其他业务现金收入。

现金流出：购货现金支出、营业费用现金支出、支付利息、缴纳所得税、其他业务现金支出。

（2）投资活动的现金流量。

现金流入：出售证券、出售固定资产、收回对外投资本金。

现金流出：购买有价证券、购置固定资产。

（3）融资活动的现金流量。

现金流入：取得短期与长期贷款、发行股票或债券。

现金流出：偿还借款本金的现金、分配现金股利。

为什么要计算现金流量？在数值上，当期现金净流量等于现金期末余额减去现金期初余额。那么在贷款风险分析中，我们为什么还要计算现金流量呢？

从两个方面（现金流出量、现金流入量）、三种活动（经营、投资和融资）计算现金流量，不仅使我们知道借款人当期收到多少现金，支付了多少现金，有多少现金余额或者现金不足，得到了一些定量信息，而且，它会告诉我们这些现金来自哪一种活动，借款人过去偿还债务的能力及实际还款状况如何。这一方面有助于评价借款人还款记录是否真实，为评级提供依据；另一方面，确定前期影响借款人现金流量的主要变量，为预测提供依据。

2）如何计算现金流量

表 6.6 和表 6.7 分别为现金流量计算表和××实业有限公司现金流量计算表。

表 6.6　现金流量计算表

项目	现金流入	现金流出
资产	减少	增加
负债	增加	减少
所有者权益	增加	减少

表 6.7　××实业有限公司现金流量计算表　　　　单位：万元

项目	金额
净收益	90
加（现金流入）：存货	238
短期借款	3 465
预付费用	50
折旧	213
应付票据	246
应付工资	38
应付税金	75
其他应付款	296
其他流动资产	11
实收资本	182
递延资产	12
减（现金流出）：应收账款	1 460
其他应收款	2 072
固定资产	70
在建工程	9
应付账款	1 232
应付费用	155
现金净流量	−82

结论：从表 6.7 的计算中可以看出，目前该公司现金净流量为负值，为−82 万元。

3. 财务报表分析

1）偿债能力分析

对于授出信用的商业银行而言，最重要的是其客户是否有偿还债务的能力，这就要通过对借款企业的流动性比率分析来确定。流动比率是流动资产对流动负债的比率，表示将流动资产变现用于偿还负债的能力，分析指标有以下三个。

（1）营运资本或净流动资产。

$$营运资本=流动资产-流动负债=7\ 517-6\ 783=734（万元）$$

正常情况下应为正数，表明客户有超额资产，偿债有保证。若为负数，则说明客户经营状况欠佳，即使将全部流动资产变现，也不足以偿还其所欠的流动负债。这种状况被称为"技术性无偿债能力"。

（2）流动比率。流动比率是企业流动资产总额和流动负债总额之比。

$$流动比率=流动资产总额\div流动负债总额\times100\%=7\ 517\div6\ 783\times100\%=110.8\%$$

这是衡量企业偿还短期贷款能力最通用的比率。因为它表明银行所发放的短期贷款可以由预期在该贷款到期的那一期中变为现金的资产来作为偿还限度。这要求企业的流动资产在偿付流动负债后还有余额以满足日常活动的其他资金需要。西方企业一般凭经验认为这一比率应大于 1，但也并非绝对的标准，不同的企业，经营性质不同，营业周期不同，对资产的流动性要求也不同，应该有不同的衡量标准。如果流动比率过大，可能是企业库存商品积压或滞销所致，也可能是流动资产中其他项目过大，影响到企业资金的高效运转，从而影响企业的获利能力。

（3）速动比率。速动比率又称"酸性试验比率"或"变现能力比率"，是指速动资产与流动负债的比率。速动资产包括流动资产中的现金、其他应收账款、应收账款等项目，但不包括存货和待摊费用。

$$速动比率=速动资产\div流动负债\times100\%=（现金+其他应收账款+应收账款）\div$$
$$流动负债\times100\%=（175+2\ 341+2\ 613）\div6\ 783\times100\%=76\%$$

在分析企业的短期偿还能力时，速动比率是比流动比率更有效的指标，流动比率只是简单地说明了流动资产与流动负债的关系，而实际上流动资产中各项目的流动性是不一样的。现金的流动性最强，可随时为企业所用；短期投资可以立即在证券市场上出售，转化为现金；应收账款经过一定的时期（信用期限），也可变为现金；存货的变现能力最弱，常需要经过出售和收货两重手续，所需时间长，即必须通过销售，经由应收账款再变为现金，如果产品滞销，存货的变现就成了大问题；至于待摊费用，只能节约现金支出，而不能变现。所以，用流动比率来反映企业的偿债能力，其可靠性就受到怀疑。剔除变现能力较弱，而数额占流动资产比重最大的存货项目及待摊费用项目，用速动资产与流动负债的比率即速动比率，能更有效地反映企业的短期偿债能力。

为了保证偿债能力，这一比率至少应大于1，但与流动比率一样，不同的行业应有所不同。

应该指出的是，速动比率虽然剔除了存货，但应收账款本身也有不确定性。有的应收期可能在信用期限内，有的则可能超出该期限很长时间，甚至发生坏账，这些都影响了速动比率的代表性，所以还要对应收账款做进一步的分析。

2）营利能力分析

营利能力是指企业通过生产经营活动获取利润的能力。一般来说，银行信贷人员最关心的就是这方面的信息，因为从长远来看，企业的偿债能力最终都取决于企业的营利能力。

（1）销售利润率。销售利润率用于衡量企业销售收入的营利能力，它等于企业的税后利润加上利息费用的和与销售收入之比。

$$销售利润率=（税后利润+利息费用）÷销售收入×100\%$$
$$=（90+150）÷4\ 065=5.9\%$$

在计算销售利润率时，之所以要将利息费用加回，首先，是因为利息费用是企业所创造的利润的一部分，是债权人参与企业的利润分配，在计算有关利润的指标时，应将其加回；其次，同行业不同企业经营的举债程度不同，其利息费用自然有所不同，要反映同行业各企业之间的营利能力，就要将利息费用加回以剔除利息费用对利润水平产生的不同影响。

（2）资产报酬率。资产报酬率是指企业运用全部资产所获得净利润的比率，可以用来衡量企业对所有经济资源的运用效率。

$$资产报酬率=（税后利润+利息费用）÷资产平均总额×100\%$$
$$=（90+150）÷7\ 710.5×100\%=3.11\%$$

这里应该注意的是，资产报酬率是指企业运用全部资本的报酬率，包括权益和负债集资所得资本，同时要注意，在评价特定企业的资产报酬率时，应当与同行业的一般报酬率相比。

资产报酬率实际上由两个因素组成：一是销售利润率；二是资产周转率。

资产报酬率=资产周转率×销售利润率

$$=年销售收入÷资产平均总额×（税后利润+利息费用）÷年销售收入$$
$$=8\ 130÷7\ 710.5×（90+150）÷8\ 130=3.1\%$$

其中销售收入采用全年销售收入，假定为上半年销售收入的 2 倍。另外还有普通股权益报酬率、普通股每股收益额、市盈率等指标。

3）负债能力分析

负债能力是指企业利用债务、集资债务及到期偿付债务的能力。

（1）净资产（股东权益）。这个指标衡量的是账面价值，即企业出售了所有资产，偿清了全部负债之后在资产负债表中剩余的价值。

$$净资产=资产总额−负债总额=9\ 317−6\ 783=2\ 534（万元）$$

一个资产多于负债，净资产为正的企业，总会使人觉得安全可信。不过，净资产终究只反映了账面价值，企业的真正价值应当是由市场价值决定的。

（2）可用资本。可用资本是指企业可以用于长期发展及基本建设方面的资本。它是为了满足企业的结构性发展需要，而不是为了给日常经营活动提供资金。可用资本包括股本、留存盈余及长期负债。

$$可用资本=净资产+长期负债=2\ 534+0=2\ 534（万元）$$

（3）债务净资产比率（债务比率、资本搭配比率）。这个比率衡量企业的负债总额占净资产的比重，也是评估企业信用风险的一个最重要的指标。比率越高，企业的信用状况越差。因为这说明企业所欠的债务已经超过了其拥有的净资产。此外，银行向企业发放贷款时，一般不会超过企业所拥有的净资产额，因此这一比率也可以用来衡量一个企业取得贷款的能力。

$$债务净资产比率=（流动负债+长期负债）÷净资产×100\%$$
$$=（6\,783+0）÷2\,534×100\%=268\%$$

（4）短期债务净资产比率（或短期债务比率、短期资本搭配比率）。这一比率可视为债务净资产比率的补充，它侧重于流动负债，是因为流动负债期限很短，不易变通，波动也比较大，值得特别注意。债务净资产比率和短期债务净资产比率结合起来就可以了解一个企业的债务概况。当债务净资产比率较高时，如果债务总额中流动负债所占比重较小（即短期净资产比率较低），也不一定就预示着企业信用状况很差。反过来，如果短期债务净资产比率过高，即使债务净资产比率尚可以接受，也不能对企业掉以轻心，因为它潜在的信用风险比较大。如果企业没有长期负债，那么，短期债务净资产比率就是唯一适用的资产搭配比率。

$$短期债务净资产比率=流动负债÷净资产×100\%=6\,783÷2\,534×100\%=268\%$$

（5）债务比率（或资产负债率）。债务比率即负债总额相对于资产总额的比率。它说明一个企业的总资产中有多大比重是通过借入资金融资的。这一比率用来反映企业的债务状况、负债能力和债权保障程度。对一个公司来说，负债比率越高，企业经营的风险就越大，但同时，赚取较多利润的可能性就越大；该比率越低，企业经营的风险越小，但获利水平也就很可能越低。对债权人来说，总是要求较低的债务比率。因为这一比率越高，资产对债权人的保障程度就越低，提供借款的风险就越大。这一比率在不同的国家有不同的要求，美国是 40%~60%，日本是 70%~80%。

$$资产负债率=负债总额÷资产总额×100\%=6\,783÷9\,317×100\%=72.8\%$$

（6）负债对股东权益比率。该比率反映了股东权益的保障程度。该比率越高，说明债权人债务的保障程度越高，这一比率可以衡量企业用来保障银行贷款安全程度和借入额外短期或长期贷款的能力。

$$负债对股东权益比率=股东权益÷负债总额×100\%=2\,534÷6\,783×100\%=37.4\%$$

（7）银行家比率。这一比率衡量了企业全部可用资本中由企业业主（所有人）拥有的资本所占的比重。这一比率越大，银行的债权就越有保障。它之所以被称为银行家比率，是因为银行在确定对企业发放贷款的水平时总要参考这一比率。

$$银行家比率=净资产÷可用资本×100\%=2\,534÷2\,534×100\%=100\%$$

4）资产管理水平分析

资产管理水平是评价企业有效地运用各种经济资源的重要指标，通过对企业资产管理水平的分析，可以考核企业经营管理的水平。资产管理水平与企业的偿债能力、营利能力、负债能力有密切关系，企业的偿债能力、营利能力、负债能力在很大程度上取决于企业资产的使用效率。资产的管理水平低，使用效率不高，必然降低企业的偿债能力和营利能力。有关资产管理水平的比率包括总资产周转率、固定资产周转率、应收账款周转率、存货周转率等。

（1）总资产周转率。这是一个反映企业全部资产综合使用效率的指标。该比率越高，说明企业的资产管理水平越高，企业的营利能力和偿债能力也就越强。

$$总资产周转率=销货净额÷全部资产平均余额=8\,130÷7\,710.5=1.05（次）$$

（2）固定资产周转率。这是一个反映企业固定资产使用效率的指标。该比率越高，说明企业的固定资产的使用效率就越高，经济效益就越好。

固定资产周转率=销货净额÷固定资产净值平均余额=8 130÷1 150.5=7.07（次）

（3）应收账款周转率。这是销货净额与应收账款平均余额之比。它可以用来反映应收账款的变现速度和管理的效率。一般认为，该比率越高越好。该比率越高，说明企业应收账款回收越快，坏账损失与坏账费用越少，企业的资产流动性越高，偿债能力越强。

应收账款周转率=销货净额÷应收账款平均余额=8 130÷1 883=4.32（次）

应收账款的变现速度也可用应收账款平均收账期来表示。这一指标反映的是应收账款的流动程度。天数越短，说明企业应收账款变现速度越快，流动程度越高。

应收账款平均收账期=应收账款平均余额÷销货净额×360

=1 883÷8 130×360=83.4（天）

当应收账款占企业流动资金的极大部分时，银行就要计算这一比率，以分析其账款收回的平均天数。

（4）存货周转率。在分析企业的偿债能力时，除了用流动比率、速动比率外，还应辅以存货周转率指标，反映企业存货的变现能力。

存货周转率=年销货成本÷存货平均余额=7 340÷2 305=3.18（次）

应该指出的是，在上述计算中，存货平均余额是根据年初存货数和年末存货数平均计算出来的，由于存货受各种因素的影响，全年各月的余额必然有所波动。这样，按每月月末的存货余额来计算全年存货的平均余额要比上述方法得出的结果准确一些。

存货的周转速度还可以用存货周转天数这一指标来反映。这个指标所反映的是企业存货每完成一次周转所需要的天数。存货周转天数越短，说明存货变现能力越强，流动资金的利用率也就越高。

存货周转天数=360÷存货周转率=360÷3.18=113（天）

5）保障比率分析

保障比率是指分析企业支付贷款利息的保障程度。

（1）利息保障比率。其表明一个企业偿付贷款利息的能力，是用利息费用除扣除利息和税金前的收益。

利息保障比率=扣除利息和税金前的收益÷利息费用×100%=285÷150×100%=190%

（2）负债总额保障比率。

负债总额保障比率=扣除利息和税金前的收益÷[利息+本金还款÷（1-所得税率）]×100%

=[285÷（150+0）]×100%=190%

把申请贷款的本金和利息包括在上述算式的分母中，银行可以借此更准确地衡量其贷款所能获得的利息保障。

通过上述计算分析，我们可以对该公司的财务状况有一个基本的了解。现将上述计算结果汇总如表6.8所示。

表 6.8　××实业有限公司财务分析汇总表

项目		计算结果	标准
偿债能力分析	营运资本（净流动资产）/万元	734	
	流动比率	110.8%	145%
	速动比率	76%	95%
营利能力分析	销售利润率	5.9%	
	资产报酬率	3.11%	
负债能力分析	净资产（股东权益）/万元	2 534	
	可用资本/万元	2 534	
	债务净资产比率（债务比率、资本搭配比率）	268%	
	短期债务净资产比率	268%	
	债务比率（资产负债率）	72.8%	45%~65%
	负债对股东权益比率	37.4%	
	银行家比率	100%	
资产管理水平分析	总资产周转率/次	1.05	2~5
	固定资产周转率/次	7.07	
	应收账款周转率/次	4.32	6~9
	应收账款平均收账期/天	83.4	40~60
	存货周转率/次	3.18	3.6~6.0
	存货周转天数/天	113	60~100
保障比率分析	利息保障比率	190%	
	负债总额保障比率	190%	

6）贷前调查报告

通过对该企业的深入了解，主要掌握了以下情况。

（1）流动资产期末比年初增加了 3 376 万元，主要表现为应收账款和其他应收款的增加，分别比年初增加了 1 460 万元和 2 072 万元。而应收账款的增加主要是由于新产品的推出，并且其发生的时间不长，到期收回是没有问题的；但是其他应收款的增加，主要是被主管部门占用的资金，其到期收回有些问题。

（2）流动负债增加了 2 733 万元。其中短期贷款增加了 3 465 万元，而应付账款却减少了 1 232 万元，可以这么认为，企业贷款中的一部分，用于归还了应付账款和增加了其他应付账款。这显然是不合理的。

（3）从贷款情况来看，都反映在短期贷款上，虽然工行和建行没有短期收回的计划，但毕竟增加了企业的还贷压力。一旦企业经营出现问题，银行可能会随时收回贷款。

（4）从企业的生产情况看，所开发的新产品受到市场的欢迎，如果新的生产线建成投产，年利润有望达到 600 万元，这是经过仔细测算的，较为准确。

（5）从目前该公司的资金运行情况看，有近 2 000 万元的资金被其主管部门占用，严重影响了企业的资金正常周转，因此，企业应该向主管部门提出这一问题，尽快将这部分资金收回。

（6）从企业的经营管理情况来看，本年度，调整了企业的领导班子，从其他企业调进一位经营管理能力比较强的厂长，并重新组建了新的领导班子，并且也有了较大的起色。

（7）申请 800 万元的三年期贷款，用于增加新的生产线，就目前企业的生产经营情况看，还没有必要。重点是把现有的生产线经营好。况且，提供的抵押品中，有厂房、职工宿舍及办公楼，都在厂区内，变现比较困难，而且，职工宿舍属于福利设施，不能作为抵押品。此外，现金净流量为-82 万元，还款第一来源存在问题。

结论：综合上述情况，不同意该笔贷款申请。

6.2　案例 2：××地产的资本结构现状分析

6.2.1　××地产资本结构不合理的表现

1. 偿债能力指标不佳

企业的偿债能力是指企业用其资产偿还长期债务与短期债务的能力。企业有无现金支付能力和偿还债务能力，是企业能否生存和健康发展的关键。企业偿债能力是反映企业财务状况和经营能力的重要标志。偿债能力是企业偿还到期债务的承受能力或保证程度，包括偿还短期债务和长期债务的能力。企业偿债能力，静态地讲，就是用企业资产清偿企业债务的能力；动态地讲，就是用企业资产和经营过程创造的收益偿还债务的能力。企业偿债能力分析是企业财务分析的重要组成部分。通过分析××地产近几年的财务报表，发现以下反映公司偿债能力的财务指标并不是很理想。

1）资产负债率

资产负债率是企业负债总额占企业资产总额的百分比。这个指标反映了在企业的全部资产中由债权人提供的资产所占比重的大小，反映了债权人向企业提供信贷资金的风险程度，也反映了企业举债经营的能力。××地产 2009~2012 年资产负债率见表 6.9。

表 6.9　××地产 2009~2012 年资产负债率

项目	2009 年	2010 年	2011 年	2012 年
负债总额/元	62 869 200 000	120 307 641 793.6	152 950 155 487.36	196 389 097 098.44
资产总额/元	89 830 700 000	152 327 972 577.53	195 014 565 272.62	251 168 617 582.24
资产负债率	69.99%	78.98%	78.43%	78.19%
行业平均值	64.84%	73.90%	73.6%	74.12%

资料来源：××地产年度报告

由表 6.9 可以发现 2009~2010 年，××地产的资产负债率增长较大，且 2010~2012 年其资产负债率分别为 78.98%、78.43%、78.19%，都约保持在了 80%，相对行业的平均指标来说，其资产负债率也大于行业的平均值，较高的资产负债率虽然可以利用财务杠杆的原理，得到较多的投资利润。但是如果这一比率过大，则表明企业的债务负担重，资金实力不强，遇到风吹草动，企业的债务能力就缺乏保证，对债权人不利。企业资产负债率过高，债权人的权益就有风险，一旦资产负债率超过一定的值，则说明企业资不抵债，有濒临倒闭的危险，债权人将受损失。

2）流动比率

流动比率是流动资产对流动负债的比率，用来衡量企业流动资产在短期债务到期以前，可以变为现金用于偿还负债的能力。一般来说，流动比率越高，说明企业资产的变现能力越强，短期偿债能力亦越强；反之则越弱。一般认为流动比率应在2：1以上。流动比率2：1，表示流动资产是流动负债的两倍，即使流动资产有一半在短期内不能变现，也能保证全部的流动负债得到偿还。××地产2009~2012年流动比率见表6.10。

表 6.10　××地产 2009~2012 年流动比率

项目	2009 年	2010 年	2011 年	2012 年
流动资产合计/元	88 504 200 000	146 671 656 739.1	187 991 387 510.53	243 128 025 568.66
流动负债合计/元	38 233 600 000	68 896 674 806	98 585 942 341	140 471 133 055.12
流动比率	2.314 827 795	2.128 864 087	1.906 878 233	1.730 804 189

资料来源：××地产年度报告

不难发现，××地产的流动比率在 2009 年和 2010 年都保持在了 2 以上，说明其流动资产在短期债务到期以前，可以变为现金用于偿还负债的能力是很强的，但是在这四年当中，该公司的流动比率逐年下降，到 2012 年只有大约 1.7，说明企业资产的短期偿债能力在下降，企业资产的流动性同时也在降低。

3）速动比率

速动比率是指速动资产对流动负债的比率。速动资产包括货币资金、短期投资、应收票据、应收账款、其他应收款项等，可以在较短时间内变现。而流动资产中存货、1 年内到期的非流动资产及其他流动资产等则不应计入。速动比率同流动比率一样，反映的都是单位资产的流动性及快速偿还到期负债的能力和水平，它是对流动比率的补充，并且比流动比率反映得更加直观可信。速动比率过低，企业的短期偿债风险较大；速动比率过高，企业在速动资产上占用资金过多，会增加企业投资的机会成本。××地产2009~2012年速动比率见表6.11。

表 6.11　××地产 2009~2012 年速动比率

项目	2009 年	2010 年	2011 年	2012 年
速动资产合计/元	28 405 300 000	36 773 514 519	35 883 943 635	53 484 202 486
流动负债合计/元	38 233 600 000	68 896 674 806	98 585 942 341	140 471 133 055.12
速动比率	0.742 94	0.533 75	0.363 99	0.380 75
行业平均值	0.66	0.56	0.52	0.51

资料来源：××地产年度报告

××地产的速动比率从 2009~2012 年的值分别约为 0.74、0.53、0.36、0.38，整体是呈下降趋势的。速动比率大于 1 比较正常，虽然房地产行业本身流动资金不足，造成速动比率较低，但是××地产的速动比率基本上低于行业平均值，并且差距还是在逐年扩大的，这反映出××地产的偿债能力欠佳。如果一直是这种下降趋势的话，一旦降到某一点，××地产可能就偿付不了债务，造成企业资不抵债的情况。

2. 缺乏财务杠杆正效应

1）存货周转率

存货周转率是企业一定时期销货成本与平均存货余额的比率。用于反映存货的周转速度，即存货的流动性，以及存货资金占用量是否合理，促使企业在保证生产经营连续性的同时，提高资金的使用效率，增强企业的短期偿债能力。存货周转率不仅可以用来衡量企业生产经营各环节中存货运营效率，而且还可以用来评价企业的经营业绩，反映企业的绩效。××地产 2009~2012 年存货周转率见表 6.12。

表 6.12　××地产 2009~2012 年存货周转率

项目	2009 年	2010 年	2011 年	2012 年
主营业务成本/元	14 524 100 000	23 645 483 609	29 536 802 590	43 972 081 799
期初存货余额/元	40 195 600 000	60 098 900 000	109 898 142 220.58	152 107 443 875.54
期末存货余额/元	60 098 900 000	109 898 142 220.58	152 107 443 875.54	189 643 823 082.97
平均存货余额/元	50 147 250 000	84 998 521 110	131 002 793 048.06	170 875 633 479.26
存货周转率/（次/年）	0.289 629 042	0.278 187	0.225 466 968	0.257 333 833

资料来源：××地产年度报告

××地产的存货周转率从 2009~2012 年分别约为 0.29、0.28、0.23、0.26 次/年。2009~2012 年，××地产的存货周转率整体呈下降的趋势。作为房地产业的龙头企业万科企业股份有限公司（以下简称万科）的存货周转率基本上保持在 0.4 左右，虽然房地产业的存货周转率普遍偏低，但是××地产的存货周转率还应该相应提高，它的存货压力大于万科，这会给公司带来回款压力。而××地产存货占流动资产比例高于同期行业平均水平，会严重影响××地产偿债能力。

2）营业利润率

营业利润率是指企业的营业利润与营业收入的比率。它是衡量企业经营效率的指标，反映了在不考虑非营业成本的情况下，企业管理者通过经营获取利润的能力。营业利润率越高，说明企业商品销售额提供的营业利润越多，企业的营利能力越强；反之，营业利润率越低，说明企业营利能力越弱。××地产 2009~2012 年营业利润率见表 6.13。

表 6.13　××地产 2009~2012 年营业利润率

项目	2009 年	2010 年	2011 年	2012 年
营业利润/元	5 220 300 000	7 424 461 492	9 964 091 046	13 393 574 322
营业收入/元	22 986 600 000	35 894 117 626	47 036 222 186	68 905 756 710
营业利润率	22.71%	20.68%	21.18%	19.44%

资料来源：××地产年度报告

　　根据定义我们可以发现，营业利润率越高，说明该企业的营利能力越强。但是××地产的营业利润率2009~2012年总体呈下降趋势，在2012年降到了这四年的最低点。

　　3）成本费用利润率

　　成本费用利润率是指企业一定期间的利润总额与成本费用总额的比率。成本费用利润率是反映企业投入产出水平的指标，可以综合衡量生产和销售产品的全部得与失的经济效果，为不断降低产品成本和提高成本费用利润率提供参考。成本费用利润率不仅是反映企业生产、经营管理效果的重要指标，而且也是制定价格的重要依据。该项指标越高，说明企业的经济效益越好。××地产2009~2012年成本费用利润率见表6.14。

表6.14　××地产2009~2012年成本费用利润率

项目	2009年	2010年	2011年	2012年
利润总额/元	5 379 050 000	7 404 574 650	10 074 092 102	13 532 126 960
主营业务成本/元	14 524 100 000	23 645 483 609	29 536 802 590	43 972 081 799
主营业务税金及附加/元	2 536 430 000	3 584 210 850	5 073 378 236	8 120 267 007
销售费用/元	590 781 000	802 836 864.4	1 252 532 652	1 645 610 859
管理费用/元	456 717 000	572 539 028.6	750 334 697.8	1 222 704 125
财务费用/元	−66 172 900	−102 416 311.9	390 274 058.6	892 093 421
成本费用总额/元	18 041 855 100	28 502 654 040	37 003 322 234	55 852 757 211
成本费用利润率	29.81%	25.98%	27.22%	24.23%

资料来源：××地产年度报告

　　××地产2009~2012年的成本费用利润率总体呈现下降趋势，在2012年下降到了24%左右。可以看出2009~2012年××地产利润总额与成本费用总额的比例越来越小，投入相同的成本，回报的利润是逐年下降的，××地产在生产、经营管理效果方面有待提高。

6.2.2　××地产资本结构不合理的成因分析

1. 宏观经济环境

　　2011年，国内房地产调控持续收紧。一方面，通过限购、限价、开征房地产税、取消房产交易税收优惠等方式抑制投机和投资需求，延缓改善性需求，下半年首次购房贷款利率的上浮更是抑制了部分刚性购房需求；另一方面，通过6次上调存款准备金率、3次加息收紧货币政策，严控房地产开发信贷规模，收紧房地产企业资金链，行业政策环境日趋严峻。

　　受政策调控影响，2011年房地产市场出现一定调整，过热势头得以遏制。全年商品房销售面积和金额分别为10.99亿平方米和59 100亿元，同比保持小幅增长，但增速较2010年回落超过5个百分点且呈逐季放缓趋势，其中2011年第四季度销售面积同比下降近7个百分点，房价在市场持续调控的情况下开始松动。2011年12月，全国70个大中城市新建商品住宅价格环比回落的城市由年初的 3 个增加至 52 个。在销售和资金回笼速度趋缓、房地产开发贷款总量同比大幅下降等因素综合影响下，房地产企业资金日趋紧张，投资热情减退，全年土地购置面积同比增速大幅回落 23 个百分点至 2.6%。

随着调控政策的持续深入，行业调控效果已逐步显现，房地产市场正朝着政府调控预期的方向发展。××地产认为本轮调控的根本目的是抑制投机，促使房地产市场回归刚性居住和合理投资需求，促进行业的长远健康发展。

2011 年末至 2012 年"两会"期间，政府进一步明确了房地产调控决心，强调调控政策不放松。因此，××地产认为 2012 年国内房地产调控不会转向，货币政策将稳中有松；在政府对普通住宅、保障性住房、首次购房需求支持政策的刺激下，中小户型的刚需产品仍将作为市场成交的主流，并将成为房地产市场平稳发展的主要支撑。同时，政府为保持经济增长而对调控政策进行的微调，成为影响市场走向的不确定性因素之一，购房者在多变的政策环境中出现观望和反复，这些因素都导致 2012 年的房地产市场呈现波动调整格局。

2. 自身因素

1）融资压力大，融资渠道单一

到目前为止，在房地产开发环节支持房地产企业融资的仍然是三大渠道：一是银行贷款，二是预售款，三是企业自筹。这三个资金来源占企业资金来源的七成以上。

××地产内部融资主要包括自有资金和预收的购房定金或购房款。预收的购房定金或购房款不仅可以筹集到必要的建设资金，而且可以将部分市场风险转移给购房者。但是房地产企业单纯依靠内部融资是不能满足全部资金需求的，更多的资金需要通过外部融资获得。外部融资的主要渠道有发行股票、股权投资、发行企业债券、银行贷款、房地产信托、利用外资、合作开发、产业基金等。长期以来，银行贷款都是我国大多数房地产企业主要的资金来源之一，这种融资方式给我国银行业带来了沉重的负担。随着经济形势和行业市场的变化，用以调控形势的房地产和金融等相关政策的不断出台，如银行准备金率、利率的提高等往往会给房地产金融和房地产市场带来强烈的冲击。

2）流动负债比率偏高

××地产流动负债占总负债比例严重偏高，长期负债规模比例偏低。长、短期负债对企业的营利能力与风险的影响各不相同，这就要求××地产在负债结构安排时，要对其营利能力与风险进行权衡和选择，以确定出既能使风险最小，又能使企业营利能力最大化的流动负债结构。流动负债比例的提高，将增强企业的营利能力，提高企业的财务风险；而长期负债比例的提高，则将降低企业的营利能力，但会减轻企业的偿付风险。

××地产在安排负债结构时，充分考虑了高比例流动负债能提高企业的收益，但忽视了将给企业带来严重财务危机的风险。债务长、短期结构严重失衡将影响到企业的经营性举债能力，在房地产行业银根收缩的形势下，新一轮募资额中的一部分应该用于调整偿还透支的经营负债。

6.2.3　改进的具体措施

1. 优化企业偿债能力，拓宽融资渠道

对于××地产，提高长期负债比例，可以使资金更加稳定，降低短期偿债压力，是提升企业偿债能力的重要途径。我国房地产企业长期融资比例较低主要是因为融资渠道单一，企业融资的主要来源只有银行，能够获得长期资金的途径比较少，长期融资金额有限。解决长期融资困难，应该拓宽融资渠道。

对于××地产来说，应当重视股权融资和引入信托基金，拓宽融资渠道，从而提高直接融资比例。股权融资是房地产上市公司与资本相结合的理想融资渠道。通过股权融资，××地产可提高自有资本金比例，改善企业的资本结构以降低财务风险。在房地产公司融资的各种渠道中，每种融资渠道都有各自的优缺点，适合不同规模的房地产公司使用，使用多种渠道融资不仅可以使融资问题变得相对容易，而且还可以规避使用单一融资渠道带来的较高的风险，优化资本结构。

2. 提高企业风险控制能力

公司处在一个不断变化的经营环境中，变化的环境既可以给公司带来机会，同样也会带来经营风险。负债经营是一把"双刃剑"，既可以获得财务杠杆效益，又会加大公司的财务风险，威胁其偿债能力和股东权益，严重的甚至使企业始终陷于绝对的债务链中，导致破产或被兼并。所以应加强对企业经营风险和财务风险的控制，风险的控制也是优化公司资本结构的重要保证。积极应对国家宏观环境的变化，防范公司风险。

公司应积极应对上述宏观环境和政策的变化，除了进一步加强与金融机构合作，开拓新的融资渠道外，还应在加强客户价值研究和客户细分基础上，加快产业化进程，实现精细化转型，保持并不断强化产品、服务优势，提高自己的竞争能力。积极化解公司内部的经营矛盾，防范公司风险。随着经营规模扩大，公司的存货规模相应增长，2007年末××地产存货总额已占总资产的66%，公司资金被大量占用。公司应积极推进"均好中加速"策略，缩短项目开发周期，依据项目发展计划和项目开发计划，加强对各地项目开发节奏的把握，推进已完工现房的销售，对不同的商业现房采用不同的租售策略，进一步消化住宅现房库存，加快项目资金周转速度。公司应加强与国内外房地产企业、投资银行、基金管理公司的合作，在合适的时机，引入战略投资者，改善股权结构，增加大股东的持股比例，争取获得多方投资者的支持，从而缓解高速发展时期所面临的资金压力，并获取各种项目资源。

3. 扩大企业规模，实现规模效应

内地的房地产企业规模和香港房地产企业还存在较大差距。2008年内地房地产龙头企业万科的总资产为1 111亿元，××地产规模也在1 000亿元左右；而香港大地产公司，如新鸿基地产发展有限公司和长江实业（集团）有限公司总资产都在3 000亿港元左右，净资产也超过2 000亿港元，并且其负债率都很低，在30%左右。另外，内地房地产市

场集中度还比较低，在香港，房地产市场前十位的企业，其市场占有率达到了 80%，而内地房地产前十名企业市场占有率仅在 10% 左右，2008 年万科的市场占有率仅有 2.6%。

我国房地产企业规模小，负债率高并且融资渠道比较单一，使得企业防范风险能力偏弱。由于企业规模有限，企业无法达到诸如债券融资、上市再融资等其他融资方式的条件要求，银行贷款是其唯一可行的融资渠道，对于这类企业，资金上的限制使得企业内部融资比例也偏少。所以优化融资结构，提高内源融资比例，扩大房地产企业规模很关键。

6.2.4　总结

通过 ×× 地产 2009~2012 年公司年度报告上的数据，分析了 ×× 地产在偿债能力方面的指标。2009~2012 年资产负债率都保持在一个较高值上，流动比率和速动比率的值呈下降趋势，并且与行业平均值的差距也是越来越大，较低的存货周转率也带来了更大的财务风险。这些都反映了 ×× 地产在偿债能力方面有所欠佳，一旦企业出现无力支付现金和偿还债务的状况，企业将会面临无法健康发展乃至生存的问题。虽然 ×× 地产的财务杠杆倍数很大，但是在盈利方面的指标并不是特别大，而且出现逐年下降的现象，这都说明了 ×× 地产没有充分发挥财务杠杆的正效应。针对这些问题分析其具体的原因，并且对这些问题提出了相应的解决措施。

综合考虑各种因素，结合企业的实际状况，不断优化企业的资本结构，通过长期不断地努力，企业资本结构也会逐渐趋于合理，直至达到最优资本结构，从而使企业价值最大化，有利于企业的管理，使企业有更长远的发展。

6.3　案例 3：×× 啤酒厂贷款分类实例

借款人 ×× 啤酒厂，成立于 1986 年，是 H 市的第一家啤酒生产企业，销售量占到 H 市啤酒销售量的 25%，成为 H 市的重点企业、纳税大户。企业为进一步提高产品质量，扩大销售，增加利润，于 2006 年 8 月，向 H 市某商业银行申请了技术改造贷款 1 200 万元，期限四年，按季归还贷款本息，还款来源为折旧和销售收入。H 市东方房地产公司提供 700 万元的担保，并用 ×× 啤酒厂的一套价值 700 万元的啤酒生产设备作为抵押。

（1）第一次分类（时间：2007 年 1 月）借款人的情况：①借款人按约使用贷款，并能按期偿还贷款本息；②借款人 2006 年末的财务报表资料表明其财务状况良好，销售收入和经营利润稳中有升，现金净流量为正值，足以偿还贷款本息；③经过技术改造，借款人的产品质量有所提高，产量、销量稳中有升，管理层在严格产品质量管理的同时，积极开拓销售市场，市场占有率从去年同期的 25% 上升到 32%；④在管理、行业、市场竞争和经济环境方面不存在影响借款人未来还款能力的不利因素。

（2）第二次分类（时间：2008 年 1 月）借款人情况：①借款人能按期偿还贷款本息；②借款人的财务状况是可以接受的，现金净流量为正值，但经营净利润和净现金流量等几项财务指标较上年同期有所下降；③经过调查分析，H市在2008年，有三家新的啤酒厂投产，其中，一家中外合资企业生产、销售一种世界名牌啤酒，市场竞争十分激烈，借款人的市场份额已经下降到19%，而同时，由于国家大幅度调整农副产品价格，啤酒的原材料成本上涨。

（3）第三次分类（时间：2009年1月）借款人情况：①2008年，借款人在还本付息方面出现三次延迟现象，其中一次拖欠利息达两个多月；②借款人2008年度的财务报表分析显示，从2008年9月开始，经营利润出现亏损，年末累计亏损20万元，净现金流量为-50万元；③受市场竞争和原材料成本上升的持续影响，借款人的生产经营状况不理想，在上年末，负责生产管理的副厂长被合资啤酒厂高薪聘任为厂长，企业的产品质量有所下降，在市场竞争中处于十分不利的地位，销售量严重下降，市场份额只有8%，产品积压现象较为严重，大量贷款被拖欠。

（4）第四次分类（时间：2010年1月）借款人情况：①截至2009年末，借款人已经逾期未还贷款本息520万元，逾期时间达165天；②借款人财务报表表明其亏损严重，净现金流量和资产净值均为负值；③借款人的大部分生产线已经停工，只保留了原来1/3的生产能力，产品出现滞销，市场占有率已经降到2%；④H市的中外合资啤酒厂有意向兼并收购××啤酒厂，双方正在磋商过程中，借款人申请对逾期贷款进行重组。

（5）银行贷款管理情况。银行认为借款人被收购的可能性较小，不愿重组贷款，已经诉诸法律程序，向借款人和担保人追索贷款本息。

（6）担保抵押情况：①担保人H市东方房地产公司，因从事房地产投资失败，企业出现严重亏损，资不抵债，另一商业银行正通过法律手段，向其催收巨额房地产贷款，已无力履行担保人义务；②借款人的其他资产已经用作应付票据和应付账款的抵押品抵押给其他债权人；③抵押品由于是专业设备，市场变现较难，经过评估，市场价值约为360万元，而强迫拍卖价约为300万元。

思考问题：

（1）什么是贷款的五级分类办法？

（2）结合××啤酒厂四年来每次贷款分类时的情况，对每一年的贷款余额进行分类，并说明理由。

6.4　案例4：S银行6 000万元贷款诈骗案

S银行于2005年6月给予T煤气有限公司6 000万元授信，期限一年（2005年6月29日~2006年6月29日），由K卫星有限公司提供担保。此笔授信用途为补充T煤气有限公司成品油贸易流动资金缺口，限制性条款为指定支付给两家中国石油天然气集团公司下属销售分公司，即X投资管理有限公司和D科技有限公司，并要求公司承诺其油品销售回款在S银行结算。

T煤气有限公司于2005年6月29日第一次使用贷款，于2005年7月8日提前归还；2005年8月29日第二次办理出账，到期日为2006年8月29日。截至案发，使用余额为 6 000 万元。2005 年 8 月 29 日第二笔贷款发放后，即被转入 T 煤气有限公司在 M 银行的基本账户，然后按照指定支付用途划给 X 投资管理有限公司，用于弥补该公司流动资金缺口。其间，X 投资管理有限公司正常回款两次，累计金额约 2 400 万元，未发生欠息状况。贷后检查报告显示，该公司经营正常，财务状况良好。

2006 年 3 月 20 日，经办客户经理李某联系 T 煤气有限公司总经理刘某，发现其手机处于停机状态，随即联系该公司工作人员询问刘某去向，未得到明确回复。李某马上通过上门、询问其他联系人等各种方式联系刘某，未果。3 月 24 日，李某得知 T 煤气有限公司在 S 银行的账号被当地公安局查封，马上向上级行信贷管理部门进行了汇报。3 月 25 日，经与刘某的丈夫取得联系，确认刘某是因为关联企业在 J 银行贷款涉及诈骗一事，已经被当地公安局监视居住。3 月 27 日，S 银行向当地第一中级人民法院递交起诉书。

通过对 J 银行案件情况及贷款卡查询信息的综合分析，S 银行得知，D 科技有限公司、K 卫星有限公司均系 T 煤气有限公司的实际关联企业，在 J 银行贷款共 1.9 亿元，均未归还。基于此，J 银行向当地公安局报案，并由该局下发了协查通报。在此背景下，S 银行通过当地工商行政管理局对该借款人和担保人的工商登记信息进行了查询，发现其工商注册信息与公司申报贷款时提供的信息存在重大差异。经核查，贷款申请时，T 煤气有限公司提供给 S 银行的审计报告和验资报告等证明文件均系伪造。据此，S 银行认为 T 煤气有限公司及其关联和担保企业存在合同诈骗犯罪的重大嫌疑，决定暂缓民事诉讼，改为刑事诉讼方式，尽可能挽回贷款损失。但由于涉案公司资不抵债，最终 6 000万元贷款全部损失。

该案例中涉案人员的作案手段迷惑性强：

（1）骗贷前周密策划。在与 S 银行发生信贷关系前，T 煤气有限公司与 S 银行主要市场营销人员频繁接触近两年之久。在与 S 银行人员往来中，始终保持一种不求人的态度以加深银行人员的信任。其间，还多次向 S 银行主要市场营销人员咨询业务，以显示其存在存款业务的机会，诱惑 S 银行市场营销人员，使其对申请人增加信任，放松警惕。

（2）贷款发放后制造假象。该公司在首笔授信发放后，短时间提前归还，制造其资金周转快、正常和资金充裕的假象。

（3）伪造贷款申请资料。T 煤气有限公司在向 S 银行申请贷款时，编造了有航天军工背景的某公司为其公司股东，并专门安排假冒的公司负责人与 S 银行市场营销人员见面。同时，伪造了大量贷款申请所需的文件资料，包括借款人和担保人的审计报告和验资报告等。

最终人员处理情况是 T 煤气有限公司总经理刘某因涉嫌贷款诈骗被当地公安机关刑事拘留，S 银行相关业务人员均被停职。

思考问题：

（1）什么是贷前调查？S 银行该笔业务的贷前调查手段有哪些？存在什么问题和漏洞？

（2）银行对已经发放的贷款应该从哪些方面进行贷款管理？S 银行该笔业务有没有贷后管理措施？存在什么问题和漏洞？

（3）结合此案例，谈谈你认为银行应如何防范贷款诈骗。

6.5　案例 5：虚假担保贷款诈骗案

2002 年 11 月，B 公司向 A 分行某支行提出 1.2 亿元贷款申请，期限 4 年 9 个月，由 C 银行出具担保函对贷款本息承担连带担保责任。贷款的用途为"太阳宫"项目的完工及装修。A 分行某支行于 2003 年 3 月 10 日向 B 公司发放了 1.2 亿元贷款。

B 公司称，C 银行原有一笔 1.47 亿元的房地产呆滞贷款，后该项目由 B 公司承接，并由其承担 C 银行原债务，为完成上述房地产项目需继续投入 1.2 亿元，由于贷款权限及内部原因，C 银行无法再直接向该项目贷款，但愿意以贷款担保的方式支持 B 公司完成项目，盘活不良资产。某支行行长、支行信管部经理前往西安做了贷前调查，经初步审查后认为该贷款理由充分，且有担保，故将该贷款正式上报分行。

由于银行担保属于低风险业务，分行按照低风险业务流程进行了审查和审批。虽然信审部门出具了有附带条件的审查意见，但分行信审委最后仍认为该项业务值得一试，关键是核保能否成功。因此，分行在核保方面做了认真安排，甚至连核保方式都采取了自认为最可靠的实地直接核保的方式。

2003 年 1 月 21 日，分行信贷部、信审部和支行派四人前往西安，就该项目进行实地核保。本次核保实地查看用款工程项目，在 C 银行办公大楼查阅了有关文件，并与 C 银行"人员"进行了座谈。由于 C 银行"行长"不同意核保人员当面见证其在担保书上的签字盖章和出示有关授权文件，核保人员决定终止核保返回分行。核保人员在返回分行后，书面报告了本次核保情况，虽然提出了疑问和怀疑，但对业务和 C 银行担保的真实性仍予以认可。

2003 年 3 月初，B 公司称，C 银行愿意为 B 公司向 A 分行某支行申请的贷款提供担保。3 月 5 日，分行信管部、信审部和支行再次派四人前往西安核保。核保人员在 C 银行办公楼当面见证了其"副行长"在担保函上签字，及其"工作人员"在担保书上加盖公章和行长私章。至此，分行认为核保已经成功，支行遂于 2003 年 3 月 10 日向 B 公司发放了 1.2 亿元贷款。B 公司从 3 月 10 日至 28 日分 5 次划走资金 5 610 万元，其间划回 700 万元用于支付贷款利息。

2003 年 7 月 31 日，分行通过另外的渠道约到了 C 银行行长，组成贷后检查组共四人前往西安进行贷后检查。检查小组不顾 B 公司的阻挠，于下午 3：30 如约见到了 C 银行行长。C 银行行长明确表示，C 银行从未签发过这份保函，而且保函上的签字系假冒，公章及行长私章均为伪造。至此，分行意识到该笔贷款是一起贷款欺诈案，并立即向当地公安机关报案。

经过公安机关的积极追赃，追回、查封了部分现金，扣押了部分车辆、房产和土地，退还银行赃款 1 572.80 万元，用于偿还贷款本金。截至 2006 年 5 月 30 日，尚有余额 3 354.47 万元未追回。为严肃纪律，惩罚违规，根据所犯错误事实，给予 A 分行行长行政警告，给予某支行行长行政留用察看，党内留用察看，给予某支行信审部经理行政撤职，给予某支行客户经理通报批评，给予信管部副总经理行政警告，调离管理岗位，给予信管部高级业务经理行政警告，调离管理岗位。

思考问题：

（1）贷款担保属于银行何种业务？该种业务的特征主要是什么？

（2）A 分行此次贷款的贷前调查重点是什么？存在什么问题和漏洞？

（3）案例中反映出的贷款审查内容有哪些？存在什么问题和漏洞？

6.6　案例 6：A 银行××支行个人房贷业务被银监会暂停

2006 年 6 月，针对 A 银行 1.29 亿元个人按揭贷款违规一事，C 银监局做出处罚决定，暂停 A 银行××支行个人住房贷款业务。

2005 年 10 月，A 银行 B 分行在内控审计检查中发现××支行在二手房按揭贷款中存在违规操作问题，32 笔总计 1.29 亿元的个人按揭贷款审贷不严谨、抵押不真实，形成贷款风险。在风险发现后，A 银行采取了一定的处置和控制贷款风险的措施，但仍然造成一定损失和潜在风险。

C 银监局有关负责人表示，××支行个人住房贷款风险事件是一起严重的支行违规经营事件，暴露出 A 银行风险管理和内部控制机制存在严重缺陷。

据悉，C 银监局在获悉这一事件后，及时开展了深入调查，同时责令 A 银行总行严格落实问责制要求，追究有关人员的责任。2006 年 6 月 10 日，C 银监局行政处罚委员会会议决定，依据《中华人民共和国银行业监督管理法》等法律、规则，对 A 银行有关机构和人员做出如下行政处罚和强制监管措施：

对 A 银行××支行处以 50 万元人民币罚款，同时责令该支行暂停个人住房贷款业务，并视其整改情况决定是否恢复此项业务。对 A 银行××支行直接责任人员，采取禁止一定期限从事银行业工作的措施。对 A 银行××支行原行长，给予取消其金融机构高级管理人员任职资格 10 年的行政处罚。

此外，C 银监局要求辖区内银行业金融机构进一步加强风险管理，完善合规机制建设，真正做到银行业可持续发展。

思考问题：

（1）银监会的主要职责是什么？该案例体现了银监会的什么职能？

（2）评价银监会的此次处罚措施。

6.7　案例 7：为遏止经济衰退美联储实行零利率

从 2007 年到 2008 年，美国联邦储备系统（以下简称美联储）公开市场委员会一直下调联邦储备基金利率，2007 年 9 月从 5.25% 调低至 4.75%，以后经 8 次下调，到 2008 年 10 月已调低至 1%，2008 年 12 月再次调降至少 75 基点至 0~0.25%，不仅在降幅上超出市场预期，且零利率本身更是美联储历史上从未有过之事。显然，美联储希望借此发出一个积极信号：为重振经济和金融市场，美联储要动用一切可用的工具。从财政援手"两房"和金融机构，到一而再再而三下调利率，直至将利率下调至"零"，可见为遏止经济衰退，美国动用财政和货币政策工具的力度前所未有。

自次贷危机爆发以来，美国在如何阻止衰退和拯救经济上存在重大分歧。时任美联储主席伯南克作为凯恩斯主义的门徒，倾向用更明确和更大力度的财政和货币政策挽救经济，但以时任财长保尔森为首的自由市场主义者则坚持不能丢弃市场原则。一段时间里，保尔森等的意见明显略占上风，从布什总统在 G20 会议上开宗明义强调坚持自由市场主义可见一斑。不过，鉴于失业率等一系列重要经济数据持续恶化，伯南克似乎已扭转颓势，如此下调联邦利率虽然给市场剑走偏锋之感，但反映出美国经济哲学和政策取向可能正在发生重大变化。有两件事或可作为旁证，一是美国终于决定出手拯救通用汽车和克莱斯勒；二是当时即将就任总统的奥巴马频频表态，称要大力拯救美国经济。遗憾的是，如此大力度的措施之后，美国的"工具箱"里还有什么法宝可以继续刺激经济呢？

随着美国宣布大幅度降息，人们对中国人民银行什么时候再次降息议论纷纷。时任中国人民银行行长周小川迅速表态，称中国利率调整主要取决于国内经济数据，是否进一步降息并不会被美国最近的降息举措影响。周小川表示，2008 年 11 月 CPI 涨幅的下降幅度超出了很多人的预测，他预期 CPI 涨幅还将继续下降。

数据显示，2008 年 11 月 CPI 涨幅快速回落至 2.4%，创 2007 年 1 月以来新低。与此同时，面对国内经济指标加速下滑的态势，中国人民银行 11 月底降息 108 个基点，创下 11 年来存贷款利率降幅之最。随着美联储大幅度降息，有分析师认为，中国人民银行仍可能在年内选择再次降息。

思考问题：

（1）上述材料中，中国和美国采用的货币政策工具是什么？希望实现怎样的货币政策目标？

（2）美联储是在什么背景下选择将利率降为零利率的？为什么时任美国财长保尔森等最初不赞成这样的政策？

（3）中国此次降息前为何要关注 CPI？以此分析货币政策目标间的关系。

附　录

各类协议文本

银行贷款协议

贷款方：_____银行；　　借款方：_____公司；　　保证方：_____

贷款种类：_____贷款

借款金额：人民币_____（大写）元整

借款期限与利率：自第____年至____年，年息百分之_____，从贷款当年开始，每年支付利息，最后一年还本。

银行中间业务费：财务评审费每年_____万元。额度占用费一次性收取_____万元。

保证方的担保费：每年收取_____万元。

违约责任：

抵押物：

担保责任（如有担保方）：全额补偿

银行是否可以提前收回贷款：

其他约定（如银行在什么情况下可提前收回贷款，企业主动提前还款的手续费，是否绑定消费贷款或存款，等等）：

个人住房消费贷款协议

贷款方：_____银行；　　借款方：消费者；　　受托办理方：_____企业

贷款种类：个人住房消费贷款

借款金额：人民币_____（大写）元整

借款期限与利率：5 年期，自第_____年至_____年，按基准贷款利率，每年由消费者支付利息，次年开始由消费者等额还本，5 年还清。

银行中间业务费：额度占用费由受托办理方一次性支付_____万元。

违约责任：

抵押物：住房

银行是否可以提前收回贷款：不可以

其他约定（如银行在什么情况下可提前收回贷款，个人主动提前还款的手续费，等等）：在个人多次还款违约时可以提前收回贷款。

银行存款协议

甲方：＿＿＿＿＿＿银行；　　　　　　　乙方：＿＿＿＿＿＿＿＿；

存款金额：人民币＿＿＿＿＿＿＿＿＿＿（大写）元整

期限：自第＿＿年至＿＿年

利率：固定利率，年利率＿＿％，从存款当年开始，每年领取利息，最后一年还本。

其他约定：

如企业提前支取，违约金为＿＿＿＿万元。（如不约定，提前支取将无需支付违约金）

委托贷款协议

贷出方：＿＿＿＿＿＿公司；　　借入方：＿＿＿＿＿公司；　　保证方：＿＿＿＿＿＿

委托贷款资金金额：人民币＿＿＿＿＿＿＿＿＿（大写）元整

借款期限与利率：自第＿＿年至＿＿年，年息百分之＿＿，从当年开始支付利息，到期还本。

中间业务费：本委托贷款双方商定由＿＿＿银行办理，代理费＿＿＿万由企业支付。

违约责任：

抵押物：

担保责任（如有担保方）：全额补偿

保证方的担保费：每年收取＿＿＿万元。

贷方是否可以提前收回贷款：

信托购买协议

甲方：＿＿＿＿＿＿银行；　　　　　　　乙方：＿＿＿＿＿＿＿；

乙方向甲方认购的信托品种为：＿＿＿＿＿＿企业第＿＿年发行的＿＿＿年期信托产品，认购总价款为（大写：人民币＿＿＿＿万元整）。甲方应于乙方认购款到账后，在规定的时间内将乙方认购债券过户至乙方账户上。

本信托产品为浮动收益型，预计最高年息百分之＿＿＿，一年后开始支付利息，最后一年利随本清。

本信托产品可以提前兑付或中止，但不可转让。

股权证

_____ 公司/银行

股权证存根（NO. _____ ）

股东姓名：_____

出资金额：_____元人民币

持有股份：_____%

主办会计：

董事长：

签发日期：_____年____月____日

持证须知

一、此证为有价证券，可以按法定程序进行继承、转让；

二、此证为股东出资证明，不得作为货币流通；

三、此证经发行企业、主办会计、法定代表人签字/盖章生效；

四、此证应妥为保管，涂改无效。如有丢失，应及时向发行企业登记挂失。

股权转让记录

转让日期	出让人			受让人			过户承办人
	姓名	印鉴	身份证号码	姓名	印鉴	身份证号码	